Jürgen Beckmann

Kommerzielle Aktivitäten des öffentlich-rechtlichen Rundfunks in Deutschland und marktkonformes Verhalten

Beckmann, Jürgen: Kommerzielle Aktivitäten des öffentlich-rechtlichen Rundfunks in Deutschland und marktkonformes Verhalten, Hamburg, Igel Verlag RWS 2014

Buch-ISBN: 978-3-95485-241-3
PDF-eBook-ISBN: 978-3-95485-741-8
Druck/Herstellung: Igel Verlag RWS, Hamburg, 2014

Bibliografische Information der Deutschen Nationalbibliothek:
Die Deutsche Nationalbibliothek verzeichnet diese Publikation in der Deutschen Nationalbibliografie; detaillierte bibliografische Daten sind im Internet über http://dnb.d-nb.de abrufbar.

© Igel Verlag RWS, Imprint der Diplomica Verlag GmbH
Hermannstal 119k, 22119 Hamburg
http://www.diplomica.de, Hamburg 2014
Printed in Germany

Inhaltsverzeichnis

Neue Bezeichnung und Nummerierung im Europäischen Recht

Mit Inkrafttreten des „Vertrag von Lissabon" zum 1. Dezember 2009 kam es zur Änderung des „Vertrags über die Europäische Union" (EUV)" und des „Vertrags zur Gründung der Europäischen Gemeinschaft" (EGV). Letzterer wird in den „Vertrag über die Arbeitsweise der europäischen Union" (AEUV) umbenannt. Die Nummerierung der Artikel in den Verträgen ändert sich.

In der Arbeit wird durchgängig die neue Nummerierung genutzt. Die Entsprechung der in der Arbeit verwendeten Artikel zwischen AEUV, EUV und EGV wird im Folgenden dargestellt:

Neue Nummerierung des Vertrags über die Europäische Union (EUV)	Bisherige Nummerierung des Vertrags über die Europäische Union (EUV)	Bisherige Nummerierung des Vertrags zur Gründung der Europäischen Gemeinschaft (EGV)
Art. 3	Art. 2	
Art. 4 Abs. 3		Art. 10 (im Wesentlichen)
Art. 51	Art. 45	

Neue Nummerierung des Vertrags über die Arbeitsweise der Europäischen Union (AEUV)	Bisherige Nummerierung des Vertrags zur Gründung der Europäischen Gemeinschaft (EGV)
Art. 26	Art. 14
Art. 56	Art. 49
Art. 101	Art. 81
Art. 106	Art. 86
Art. 107	Art. 87
Art. 108	Art. 88
Art. 109	Art. 89
Art. 119	Art. 4
Art. 120	Art. 98
Art. 167	Art. 151
Art. 288	Art. 249
Art. 345	Art. 295

Abkürzungsverzeichnis

Abs.	Absatz
AEUV	Vertrag über die Arbeitsweise der europäischen Union, früher EGV
AG	Aktiengesellschaft
AO	Abgabenordnung
ARD	Arbeitsgemeinschaft der öffentlich-rechtlichen Rundfunkanstalten in Deutschland
ARD & ZDF Fernsehwerbung	ARD & ZDF Fernsehwerbung GmbH
Art.	Artikel
AS&S	ARD-Werbung SALES & SERVICES GmbH
AS&S Radio	AS&S Radio GmbH
AStG	Außensteuergesetz
AVMD	Audiovisuelle Mediendienste
Bavaria	Bavaria Film GmbH
BgA	Betrieb gewerblicher Art
BGH	Bundesgerichtshof
BMF	Bundesministerium der Finanzen
BStBl	Bundessteuerblatt
bspw.	beispielsweise
BVerfG	Bundesverfassungsgericht
BVerfGE	Bundesverfassungsgerichtentscheidung
BVerfGEE	Bundesverfassungsgerichtentscheidungen
BVerwG	Bundesverwaltungsgericht
ca.	circa
DEGETO	DEGETO Film GmbH (Deutsche Gesellschaft für Ton und Film)
EGV	Vertrag zur Gründung der europäischen Gemeinschaft; ab. 01.12.2009 AEUV
et al.	und andere (et alii/et aliae/et alia)
EUR	Euro
EUV	Vertrag über die europäische Union
f.	folgender

ff.	fortfolgende
GG	Grundgesetz
GmbH	Gesellschaft mit beschränkter Haftung
gGmbH	gemeinnützige Gesellschaft mit beschränkter Haftung
GWB	Gesetz gegen Wettbewerbsbeschränkungen
HD	High Definition
hr	Hessischer Rundfunk
HRG	Hessisches Rundfunkgesetz
HS.	Halbsatz
i.d.R.	in der Regel
i.e.S.	im eigentlichen Sinne
i.S.	im Sinne
i.s.d.	im Sinne der / im Sinne des
IDW	Institut deutscher Wirtschaftsprüfer
IIVF	Indexgestütztes Prüf-und Berechnungsverfahren
IP	IP Deutschland GmbH
jPdöR	juristische Person des öffentlichen Rechts
Kap.	Kapitel
KEF	Kommission zur Ermittlung des Finanzbedarfs der Rundfunkanstalten
KStG	Körperschaftssteuergesetz
Kommission	Europäische Kommission
LMG	Landesmediengesetz
LRA	Landesrundfunkanstalt
LRH	Landesrechnungshof
MDR	Mitteldeutscher Rundfunk
MeranFilm	Meran Film GmbH
Mio.	Millionen
Mrd.	Milliarden
NRW	Nordrhein-Westfalen
o.g.	oben genannte
R	Richtlinie
RBB	Rundfunk Berlin Brandenburg

RÄStV	Rundfunkänderungsstaatsvertrag - vollständig: Staatsvertrag zur Änderung rundfunkrechtlicher Staatsverträge
RFinStV	Rundfunkfinanzierungsstaatsvertrag
RStV	Rundfunkstaatsvertrag - vollständig: Staatsvertrag für Rundfunk und Telemedien
RGebStV	Rundfunkgebührenstaatsvertrag
Rnr	Randnummer
S.	Seite; Satz
SevenOneMedia	SevenOne Media GmbH
StV	Staatsvertrag
SWR	Südwestrundfunk
TEUR	Tausend Euro
TV	Television / Fernsehen
u.ä.	und ähnliches
UWG	Gesetz gegen den unlauteren Wettbewerb
v.a.	vor allem
vgl.	vergleiche
VPRT	Verband Privater Rundfunk und Telemedien e.V.
WDR	Westdeutscher Rundfunk
WDR licensing	WDR mediagroup licensing GmbH
z.B.	zum Beispiel
ZDF	Zweites Deutsches Fernsehen
Ziff.	Ziffer

1 Einleitung

Der öffentlich-rechtliche Rundfunk bewegt sich nicht nur im – durch den Auftrag in § 11 RStV vorgegebenen – hoheitlichen Bereich. Die ihm zur Erfüllung seiner Aufgaben zustehenden Produktionsfaktoren (in erster Linie personelle und technische Mittel) versucht er auch erwerbswirtschaftlich zu nutzen, um die finanzielle Ausstattung und damit die Leistungskraft der Anstalten zu verbessern. So führen bspw. die Ausstrahlung von Hörfunk- und Fernsehwerbespots, Rechteverwertungen, Merchandising und die Einnahmen durch den Ticketverkauf von Konzertveranstaltungen zu weiteren Erträgen einer öffentlich-rechtlichen Rundfunkanstalt.

Das BVerfG hält die Erzielung solcher Einnahmen für so lange verfassungsgemäß und somit von der Rundfunkfreiheit geschützt, soweit sie in einem Kontext zu den hoheitlichen Aufgaben der öffentlich-rechtlichen Rundfunkanstalten stehen. Solange keine einseitige Abhängigkeit von kommerziellen Interessen erzeugt wird, begrüßt das BVerfG die durch diese Tätigkeiten erzielten Einnahmen, da sie die Unabhängigkeit gegenüber dem Staat steigern können.[1]

Insbesondere die immer weiter fortschreitende Konvergenz der Medienmärkte führt dazu, dass die Kritik an der kommerziellen Betätigung der öffentlich-rechtlichen Rundfunkanstalten nicht mehr alleine von Seiten privater Rundfunkanbieter hervorgebracht wird. Insbesondere sehen sich auch die Verlage auf schon seit langem kaum wachsenden – in jüngster Zeit eher schrumpfenden – Märkten durch die kommerziellen Betätigungen öffentlich-rechtlicher Anbieter in ihren Refinanzierungsmöglichkeiten beschränkt.[2]

Nicht nur im ob, sondern auch in der Art und Weise der kommerziellen Betätigung, sehen die privaten Medienanbieter eine Wettbewerbsverzerrung, da die Gebührenfinanzierung den öffentlich-rechtlichen Anbietern auch auf den ökonomischen Märkten Vorteile verschaffe. Diese Ansicht vertritt auch die – durch mehrere Beschwerden der privaten Anbieter auf den Plan gerufene – europäische Kommission. Sie begreift die deutsche Rundfunkgebühr als bestehende Beihilfe i.S.d. Art. 107 AEUV, die nach Art. 106 Abs. 2 AEUV solange mit dem europäischen Wettbewerbsrecht vereinbar ist, wie sie einzig zur Refinanzierung des engen beauftragten Bereichs beiträgt. Einen Nachweis dafür konnte die deutsche Rundfunkpolitik

---

[1] Vgl. BVerfGEE 83, 238, 310; 90,60,91. In der zweiten Gebührenentscheidung ist das BVerfG bzgl. der Refinanzierung über Werbung kritischer, vgl. BVerfG, 1 BvR 2270/05, 118.
[2] Vgl. BURDA ET AL. (2008), S. 3.

aufgrund der organisatorischen Ausgestaltung des öffentlich-rechtlichen Systems aber zunächst nicht erbringen. Zur Auftragsgestaltung und zur Abgrenzung der kommerziellen Betätigung wurden durch den Abschluss eines Kompromisses zwischen europäischer Kommission und Bundesregierung somit neue Rechtsgrundlagen nötig, die im 12. RÄStV umgesetzt worden sind.

Neben dem Versuch einer Auftrags- und Angebotspräzisierung in §§ 11a-f RStV finden sich in §§ 16a-e nun neue Vorgaben für kommerzielle Betätigungen.[3] Letztendlich versuchen diese Vorgaben die Prinzipien von deutschem Rundfunkrecht und europäischem Beihilferecht zu verknüpfen.

Mit Inkrafttreten der Änderungen des Staatsvertrags erfolgen die erwerbswirtschaftlichen Tätigkeiten ab 2010 also unter veränderten Bedingungen. Zum Verständnis dieser Bedingungen sollen im ersten Teil der Arbeit im Rahmen der Darstellung des deutschen Mediensystems[4], die verfassungs- und europarechtlich sowie ökonomisch notwendigen Hintergründe dargestellt werden.

Im zweiten Teil der Arbeit werden die Vorgaben aus §§ 16a-e RStV im Lichte des Verfassungs- und Europarechts in einem ökonomischen Kontext analysiert und die Bedingungen für die öffentlich-rechtlichen Anbieter dargestellt, damit sie marktkonform i.S.d. RStV handeln können.

Bevor die Arbeit mit einem Fazit abgeschlossen wird, soll darauf eingegangen werden, inwieweit und unter welchen Bedingungen die rechtlichen Regelungen neuartige kommerzielle Betätigungen zulassen.

---

[3] Der RStV versteht sich im Folgenden in der Fassung des 12. RÄStV.
[4] Im Bereich der tages- und wochenaktuellen Berichterstattung.

2 Öffentlich-rechtlicher Rundfunk im deutschen Mediensystem

2.1 Systemrelevante Rahmenbedingungen

Massenmedien dienen der „Herausbildung eines gesellschaftlichen Grundkonsens der gemeinsamen Werte und Ziele und sichern damit die Grundlagen und den Fortbestand unserer Demokratie".[5] Daneben dienen Massenmedien der Unterhaltung, sie sind Kulturträger, haben eine Bildungsfunktion und sie schaffen die informationellen Grundlagen für einen kommunikativen Ausgleich in der Bevölkerung. Dies lässt ihnen daneben eine Aufklärungs- und Warnfunktion, auch in Bezug auf staatliche Institutionen, zukommen.

2.1.1 Die Freiheiten aus Art. 5 GG

In diesem Lichte gilt es die Freiheiten aus Art. 5 Abs. 1 S. 2 GG zu verstehen, die – nicht zuletzt aufgrund der Interpretation des BVerfG – den Medien weitreichende Privilegien zugestehen.[6] Das BVerfG hat früh deutlich gemacht, dass es einseitig-marktliberale Interpretationen dieser Freiheiten nicht teilt. Vielmehr sind die Freiheiten als Funktionsgrundrechte, mithin als eine öffentliche Aufgabe zu verstehen.[7] Rundfunk wie Presse nehmen eine Doppelfunktion wahr, sie halten die öffentliche Diskussion in Gang und sind zugleich ein Sprachrohr, durch das sich die öffentliche Meinung äußert.[8] Der so zustande kommende Meinungsaustausch führt dazu, dass sich der Staat stetig neu konstituieren muss und ist somit Basis für die Demokratie.[9] Rundfunk- wie Pressefreiheit dienen also der Meinungs- und Informationsfreiheit aus Art. 5 Abs. 1 GG. Sie ermöglichen es, sich aus allgemein zugänglichen Quellen zu unterrichten, neue Meinungen und fremde Argumentationen aufzunehmen und sich mit

---

[5] Vgl. dazu auch COELLN (2008), S.435.

[6] Vgl. BVerfGEE 30, 173; 73, 118; Presse- wie Rundfunkfreiheit entstehen aus der öffentlichen Aufgabe der Massenmedien (vgl. z.B. § 3 LPG). Ihnen kommt demnach, gleich allen Garantien aus Art. 5 Abs. 1 GG, eine „dienende Funktion" bei der Gewährleistung einer freien individuellen und öffentlichen Meinungsbildung zu; vgl. dazu auch RICKER ET AL. (2000) S. 14-24.

[7] Vgl. für den Rundfunk dazu bspw. BVerfGE, 57, 295 ff; mit dem Niedersachsen-Urteil (BVerfGE 73,118) und den Klarstellungen im WDR-Urteil (BVerfGE 83, 238) bestätigt es diese Grundlagen, vgl. STOCK (2005), S. 54. Für die Presse vgl. z.B. BVerfGE 10, 121 ff.

[8] Vgl. BVerfGE 35, 202, § 3 LPG definiert die Aufgabe der Presse durch 1. die Beschaffung und Verbreitung von Nachrichten sowie wahrheitsgemäßer Berichterstattung, 2. Stellungnahme und Kritik, 3. Mitwirkung an der Meinungsbildung und 4. der Bildung, lt. BVerfG ist dazu auch Unterhaltung nötig, vgl. RICKER ET AL. (2000), S 54. , BVerfGE 35, 202, 222 f.

[9] Vgl. HASSE (2005), S. 36.

Ihnen auseinander zu setzen.[10] Rundfunk und Pressefreiheit schützen die dazu notwendigen Quellen.

In Umsetzung dieser Aufgabe bildeten sich im Medienbereich unterschiedliche Systeme heraus. Der frequenzarme Rundfunkmarkt hatte einen natürlichen Monopolcharakter und wurde zur Aufgabe binnenplural organisierter Unternehmen, den öffentlich-rechtlichen Rundfunkanstalten. Aufgrund der Erfahrungen im dritten Reich sollte so vor allem der staatliche Einfluss minimiert werden.[11] Mit der Zunahme an Frequenzen wurden 1984 private Rundfunkunternehmen zugelassen, es entstand das *duale System*. Dieses ist gegenüber der Presse aufgrund der Aktualität, die Suggestivkraft sowie der Breitenwirkung des Mediums weitreichenderen Regulierungen ausgesetzt.[12]

Der Gesetzgeber, in diesem Fall die Bundesländer gem. Art. 70 GG, hat die Systeme so auszugestalten, dass die Freiheiten aus Art. 5 GG gewährleistet sind. Eine weitgehend bundeseinheitlich ausgestaltete Rundfunkordnung haben die Länder durch die Normierung wichtiger rundfunkrechtliche Regelungen in Staatsverträgen erreicht, dazu gehören der RStV, der RFinStV und der RGebStV.

2.1.2 Die spezielle Ausgestaltung im Rundfunkbereich

Soweit es um erwerbswirtschaftliche Tätigkeiten des öffentlich-rechtlichen Rundfunks geht, ist das Verfassungsrecht durch Entscheidungen geprägt, die sich unter dem Aspekt der Rundfunkfreiheit zumeist mit Fragen des gesamten Finanzierungssystems des öffentlich-rechtlichen Rundfunks beschäftigen.

In objektiv-rechtlicher[13] Auslegung der Rundfunkfreiheit verweist das BVerfG hinsichtlich erwerbswirtschaftlicher Einnahmen auf die sich dadurch verstärkende Unabhängigkeit gegenüber dem Staat[14], es macht aber auch in subjektiv-rechtlicher[15] Hinsicht deutlich, dass die Anstalten keinen Anspruch auf eine bestimmte Finanzierungsform haben, solange eine unabhängige Finanzierung und damit die unabhängige individuelle Meinungsbildung gesi-

---

[10] Vgl. BVerfGEE 12, 205, 260; 57, 295, 319; 74, 297, 323; SCHNAITTER (2008), S. 114.
[11] Zu den verfassungsrechtlichen Grundlagen der öffentlich-rechtlichen Rundfunkanstalten vgl. Kap. 3.1.2. Zum Ineinandergreifen von Presse und Rundfunk vgl. BULLINGER (2007), S. 409-410.
[12] Printmedien sind eher dem „freien Spiel der Kräfte", vgl. RÖPER (2005), S. 398.
[13] Vgl. NIEPALLA (1990), S. 113.
[14] Vgl. BVerfGEE 83, 238, 290 f., 90, 60, 91.
[15] Vgl. dazu SCHÄFER (2004), S. 14, RICKER ET AL. (1997), S. 86, SCHNAITTER (2008), S. 112.

chert ist. Hinsichtlich Möglichkeiten und Grenzen der erwerbswirtschaftlichen Betätigung hat man sich immer die Auslegung der Rundfunkfreiheit durch das BVerfG – als authentischer Interpret des Grundgesetzes[16] - zu vergegenwärtigen.

2.1.2.1 Rundfunk, Rundfunkfreiheit und die Auslegung des BVerfG

Der Rundfunkbegriff wird vom BVerfG in Abhängigkeit zur sozialen und technischen Entwicklung gesetzt und ist nicht abschließend definiert.[17] Der Zweck des Rundfunks „Medium und Faktor des öffentlichen Meinungsbildungsprozesses zu sein" steht dabei im Mittelpunkt. Damit unterscheidet sich mittlerweile der verfassungsrechtliche vom einfachge-setzlichen Rundfunkbegriff.

Verfassungsrechtlich prägen die Merkmale der Allgemeinheit, der Funktechnik und der Darbietung den Rundfunkbegriff. Im verfassungsrechtlichen Sinn handelt es sich demnach um ein jedermann zugängliches Massenkommunikationsmittel (Allgemeinheit) mit inhaltli-chem Element (Darbietung). Das Element der Darbietung stellt darauf ab, ob das Angebot relevant für die Meinungsbildung ist. Es wird nach bisherigem Verständnis weit ausgelegt[18], so dass auch Online-Angebote zum Rundfunk im verfassungsrechtlichen Sinn gezählt werden müssen. Der Gesetzgeber hat diese aber den Telemedien zugeordnet.[19]

Das BVerfG geht in ständiger Rechtsprechung davon aus, dass die Rundfunkfreiheit als dienende Freiheit zu verstehen ist. Der Rundfunk muss Informationsquellen bieten, die einen freien, individuellen und vielfaltsorientierten Meinungsbildungsprozess ermöglichen und dabei Medium und Faktor zugleich sein.[20]

2.1.2.2 Die Schaffung einer positiven Ordnung

Der Gesetzgeber hat ein System zu schaffen, dass einen möglichst hohen Grad freier, indivi-dueller und öffentlicher Meinungsbildung durch *Ausgewogenheit*, *Neutralität* und *Tendenz-freiheit* gewährleisten kann.[21] Dies wird umschrieben mit der Schaffung einer positiven Ordnung. Dazu müssen alle gesellschaftlichen Gruppen im Rundfunk in ausgewogener Weise

---

[16] Vgl. DÖRR ET AL. (2008), S. 58, Rnr. 169.
[17] Vgl. BVerfGE 83, 238, 302.
[18] Vgl. DÖRR ET AL. (2008), Rnr. 138b. Vgl. dazu auch BVerfGEE 12. 205 ff; 57, 295 ff, 73, 118 ff.
[19] Vgl. HARTSTEIN ET AL. (2010), Rnr. 10.
[20] Vgl. SCHNAITTER (2008), S. 114, BVerfGE 12, 205, 260.
[21] Vgl. BVerfGE 57, 295, 320; BVerfGE 83, 238, 296.

zu Wort kommen können (Pluralismusgebot).[22] Der Rundfunk darf in Erfüllung seiner Aufgaben weder dem Staat noch einzelnen gesellschaftlichen Gruppen ausgeliefert sein[23], er muss bei der Beschaffung von Informationen, der Produktion von Sendungen, der Verbreitung von Nachrichten[24] und der Auswahl der inhaltlich tätigen Rundfunkmitarbeiter frei von fremdem Einfluss sein (Programmfreiheit). Somit lassen sich mit der Staatsfreiheit[25], dem Pluralismusgebot und der Programmfreiheit drei wesentliche Strukturprinzipien aus der Rundfunkfreiheit ableiten.

Alle wesentlichen Entscheidungen zur Schaffung der positiven Ordnung müssen vom Gesetzgeber getroffen werden und ein formelles Gesetz zur Folge haben (Gesetzesvorbehalt).[26] Wesentliche Entscheidungen für das Rundfunksystem sind beispielsweise die Entscheidung für das Ordnungsmodell[27], die Finanzierung sowie verbindliche Programmgrundsätze. Dazu hat der Gesetzgeber entsprechende materielle, organisatorische und verfahrensbezogene Regelungen zu schaffen, er darf aber aus Gründen der Staatsfreiheit, des Pluralismusgebots und der Programmfreiheit nicht vollständig in die Materie eingreifen. Beschränken die Ausgestaltungsgesetze dem Sinne nach die dienende Funktion der Rundfunkfreiheit, so ist die Ausgestaltung mit Art. 5 Abs. 1 S.2 GG unvereinbar, es liegt ein Grundrechtseingriff vor, das Gesetz ist verfassungswidrig. Eine Umgestaltung der Rundfunkordnung ist nur dann zulässig, wenn sie im Vergleich zur bisherigen Situation zu einer mindestens gleichwertigen Sicherung der Rundfunkfreiheit führt.[28]

Zur Austarierung verschiedener Interessen hat der hat der Gesetzgeber lt. BVerfG einen weiten Beurteilungs- und Handlungsspielraum[29], ihm steht eine Entscheidungsprärogative in der sachgerechten und verhältnismäßigen Interessenabwägung zu.[30]

---

[22] Vgl. BVerfGE 57, 295, 320, 323.
[23] Vgl. BVerfGE 12, 205, 262.
[24] Trotz des Wortlauts „Berichterstattung" in Art. 5 Abs. 1 S. 2 GG ist der inhaltliche Umfang nicht kleiner als der der Pressefreiheit. Informationen und Meinungen können nicht nur durch Nachrichten u.ä., sondern auch durch Fernsehspiele und Musiksendungen vermittelt werden.
[25] Dabei wird es aber hingenommen, dass Vertreter des Staats den Kontrollgremien öffentlich-rechtlicher Rundfunkanstalten und LMA's angehören, vgl. DÖRR ET AL. (2008), S. 60 Rnr. 174.
[26] Die Entscheidungen dürfen also nicht im Wege von Generalklauseln auf die Exekutive abgeschoben werden, vgl. FECHNER (2008), BVerfGEE 57, 295, 320; 83, 238, 296; 87, 181, 198 f.
[27] Darunter werden hier die Bestimmungen zusammengefasst, die garantieren, dass der Rundfunk nicht einzelnen Gruppen ausgeliefert wird und alle Gruppen im Gesamtangebot zu Wort kommen.
[28] HOLZNAGEL ET AL. (2005), S. 11, vgl. dazu auch HELD ET AL. (2004), S. 52. Die gesetzliche Regelung muss auch immer den Grundsätzen der Rechtssicherheit und Rechtstaatlichkeit genügen
[29] Vgl. HELD ET AL. (2004), S. 18. So hat der Gesetzgeber bspw. bei den Regelungen zu den öffentlich-rechtlichen Online-Aktivitäten im 12. RÄStV auch immer finanzielle Auswirkungen auf private Anbieter zu beachten gehabt.

2.2 Derzeitige Ausgestaltung im Mediensystem

Im Vergleich zum Print[31]- und Onlinemarkt unterliegt der Rundfunkmarkt weitreichenderen Regulierungen, u.a. einer starken Konzentrationskontrolle mit dieser zusammenhängend einer Zulassungspflicht sowie besonderen Maßnahmen zur Stärkung der Meinungsfreiheit[32] und Beschränkungen bei der Werbung.[33]

Die starke Regulierung im Rundfunkbereich wurde aus ökonomischer Sicht zunächst aus der Leitungsknappheit und der fixkostenintensiven Produktion im Rundfunk begründet. Daneben spielten der einem Rundfunkprodukt innewohnende Charakter eines öffentlichen sowie meritorischen Gutes[34] und externe Effekte, die der Konsum von Rundfunk hervorrufen kann, in der ökonomischen Diskussion eine Rolle. Die Regulierungsdiskussion wird in jüngster Vergangenheit aber weniger über ökonomische als über publizistische Gründe, nämlich über die Stärkung von Vielfalt geführt.

Der Gesetzgeber hat sich im Rundfunkbereich für ein duales System entschieden, das mittlerweile aufgrund der Konvergenz auch Auswirkungen auf Medienanbieter außerhalb des klassischen Rundfunkbereichs hat. Die Beauftragung und Finanzierung des öffentlich-rechtlichen Rundfunks hat das BVerfG in ständiger Rechtsprechung als zur Erfüllung der verfassungsrechtlichen Vorgaben geeignetes Mittel anerkannt. Für die Dauer dieser medien-politischen Grundsatzentscheidung sind öffentlich-rechtliche wie private Anbieter durch Art. 5 Abs. 1 S. 2 GG geschützt. Die öffentlich-rechtlichen Rundfunkanstalten haben in dem System besondere Aufgaben, sie haben die „unerlässliche" Grundversorgung der Bevölkerung mit Rundfunk sicherzustellen.[35]

Der öffentlich-rechtliche Rundfunk ist durch das binnenplurale Modell geprägt. Maßgebliche gesellschaftliche Gruppen sind im Binnenbereich, sprich im Aufsichtsbereich des Rundfunk-

---

[30] Vgl. HARTSTEIN ET AL. (2010), Rnr. 25.

[31] Vgl. § 30 LMG.

[32] Vgl. § 25 ff RStV.

[33] Vgl. § 43 ff RStV.

[34] Man spricht von meritorischen Gütern, wenn diese von souveränen Konsumenten nicht in dem Ausmaß konsumiert werden, indem sie genutzt werden sollten bzw. demeritorischen Gütern, die in größerem Umfang konsumiert werden, als sie konsumiert werden sollten, vgl. MUSGRAVE (1959), S. 13. Als ökonomische Begründung wird die Meritorik mittlerweile aufgrund ihres elitären Ansatzes abgelehnt, sie wird eher als politische Kategorie angesehen. Zur Diskussion vgl. FRITSCH ET AL. (1996), S. 277-279.

[35] Das BVerfG verdeutlicht explizit, dass der Begriff der Grundversorgung weder als „Mindestversorgung" zu verstehen ist, noch als Grenzziehung oder Aufgabenteilung zwischen öffentlich-rechtlichem und privatem Rundfunk, Vgl. BVerfGE 83, 238, 297. Dazu weiter unter Kap. 2.2.2.

veranstalters vertreten, und mit bestimmten Einwirkungsmöglichkeiten ausgestattet.[36] Das außenplurale Modell hat sich für den privaten Rundfunk durchgesetzt. Dabei muss der einzelne Veranstalter kein in sich ausgewogenes Programm anbieten, das Gesamtangebot über alle Anbieter muss ausgewogen sein. Der einzelne Rundfunkveranstalter ist aber zu „sachgemäßer, umfassender und wahrheitsgemäßer Information und einem Mindestmaß an gegenseitiger Achtung verpflichtet.[37]

Die Ausgestaltung der Rundfunkordnung führt daher dazu, dass sich öffentlich-rechtlicher Rundfunk und private Medienunternehmen in ihrer Unternehmenssteuerung wesentlich unterscheiden. Die Zielsysteme, die aus einer strategischen Analyse relevanter Umfeldbedingungen[38] des Unternehmens abgeleitet werden, sind unterschiedlich aufgebaut.[39] Aus den sich durch die strategische Analyse ergebenden Oberzielen werden Handlungsziele abgeleitet, die die strategischen Leitgedanken auf die operative Ebene transformieren.[40] Sach- bzw. Leistungsziele spezifizieren dabei die inhaltlichen Aspekte, durch die ein bestimmter Zweck, das Formalziel, erreicht werden soll.

2.2.1 Private Medienunternehmen

Bei privaten (Medien-)-Unternehmen steht die Erwirtschaftung von Gewinnen im Vordergrund der Betätigung. Sie sind nötig, um den Fortbestand des Unternehmens zu sichern.[41] Ein Augenmerk privater Unternehmen liegt auf günstigen Kosten-Nutzen-Verhältnissen ihrer Angebote. Dieses stellt sich im Medienreich in erster Linie ein, wenn das Produkt kostengünstig gemäß der qualitativen (Inhalt und Gestaltung) wie quantitativen (Umfang) Präferenzen der definierten Zielgruppe bereitgestellt werden kann.[42] Bezogen auf das Zielsystem

---

[36] Hierbei handelt es sich um den Rundfunk- (ARD-Anstalten), Fernseh- (ZDF) und Hörfunkrat (Deutschlandradio). Die Einwirkungsmöglichkeiten wurden mit dem 12. RÄStV deutlich gestärkt, da Angebote im Online-Bereich bereits vor der Markteinführung einen sog. „Drei-Stufen-Test" durchlaufen, der die Inhalte auf den publizistischen Mehrwert hin überprüfen und dabei auch ökonomische Interdependenzen beachten soll.

[37] Vgl. BVerfGE 57, 295, 326.

[38] Wie z.B. die Wettbewerbsstrukturen, dem ordnungspolitischen Rahmen und den technologischen Entwicklungen. Die Umfeldbedingungen werden durch möglichst frühzeitige lobbyistische Maßnahmen versucht positiv im eigenen Sinne zu beeinflussen., vgl. bspw. zum Spannungsverhältnis von Lobbyismus und parlamentarischer Demokratie, PAPIER (2006).

[39] Vgl. SIEBEN ET AL. (1997), S. 20 ff.

[40] Dabei ist besonders auf inhaltliche Konsistenz, die Akzeptanz und die Realisierbarkeit der Ziele zu achten, vgl. SCHÖSSLER (2001), S. 141 ff.

[41] Vgl. HEINRICH (1994), S. 186.

[42] Man spricht insofern von einer Verbundproduktion für den Rezipienten- und Werbemarkt. Eine ökonomische Besonderheit ist dabei die kumulativ-dynamische Verknüpfung von Nachfrage und Gewinn, die sog. Anzeigen-Auflagen-Spirale, vgl. dazu HEINRICH (1994), S. 212.

bedeutet dies, dass die Produktion von Rezipientenkontakten bzw. die Bereitstellung von Produkten gemäß den Präferenzen der definierten Zielgruppe als Sachziele der privat finanzierten Medienanbieter auszumachen sind. Diese sind Mittel zum Zweck der Erreichung der Gewinnmaximierung, des Formalziels.[43]

2.2.2 Öffentlich-rechtliche Rundfunkanstalten

Die Veranstaltung des öffentlich-rechtlichen Rundfunks liegt in Deutschland traditionell bei ausschließlich rechtsfähigen, als gemeinnützig anerkannten Anstalten des öffentlichen Rechts.[44] Der Gesetzgeber legt im Rahmen seiner Ausgestaltungsverpflichtung aus dem verfassungsrechtlich vorgegebenen Grundversorgungsauftrag den Funktionsbereich des öffentlich-rechtlichen Rundfunks und damit den Anstaltszweck fest. Dieser ist spezieller definiert als die Vorgabe für Rundfunk bzw. die Massenmedien an sich. Er hat „unabdingbare Grundwerte" einer demokratischen Gesellschaft zu vermitteln, um die „demokratischen, sozialen und kulturellen Bedürfnisse[n]" der Menschen zu erfüllen.[45]

Dazu hat er bildende, informative, beratende und unterhaltende Inhalte im Rundfunk und in den Telemedien anzubieten.[46] Dies umschreibt den Programmauftrag des öffentlich-rechtlichen Rundfunks.[47] In der Erfüllung des Programmauftrags ist die Anstalt dann autonom.[48] Der Gesetzgeber darf keinen Einfluss auf konkrete Programmentscheidungen nehmen. In Verbindung mit dem Grundversorgungsauftrag hat die Rechtsprechung dem öffentlich-rechtlichen Rundfunk

---

[43] Vgl. MÜLLER-WIEGAND (1992), S. 18. Das Zielsystem von Verlagen lässt sich in ähnlicher Weise auf die privat finanzierten Rundfunkanbieter übertragen.

[44] KNORR ET AL. (2000), S. 319.

[45] Vgl. § 11 Abs. 1 S. 1 RStV. Zu den Grundwerten gehören Werte, die eine demokratische Gesellschaft von Gesellschaften in totalitären Ländern unterscheidet, wie z.B. das Bekenntnis zur Menschenwürde, der Schutz von Ehe und Familie, die Gleichberechtigung und das Toleranzgebot, vgl. dazu auch Vgl. HARTSTEIN ET AL. (2010), zu § 11 RStV, Rnr. 7

[46] Vgl. § 11a RStV. Galten Telemedien vor dem 12. RÄStV als höchstens fakultative programmbegleitende Möglichkeiten des öffentlich-rechtlichen Rundfunks, vgl. § 11 Abs.1 S. 2 RStV a.F., so werden sie nun in den eigentlichen Angebotsbegriff einbezogen. Dies wird als genuiner Online-Auftrag bezeichnet. Öffentlich-rechtliche Telemedienangebote erfahren jedoch eine wesentliche Begrenzung durch die §§ 11d und f RStV.

[47] § 11 Abs. 1 S. 2-5 RStV definiert die maßgeblichen inhaltlichen Aufgaben. Danach müssen die öffentlich-rechtlichen Rundfunkanstalten in ihren Angeboten, die der Bildung, Information, Beratung und Unterhaltung dienen sollen, einen umfassenden Überblick über allen wesentliche Lebensbereiche für Mehr- und Minderheiten geben und haben „die internationale Verständigung, die europäische Integration und den gesellschaftlichen Zusammenhalt in Bund und Ländern" zu fördern.

[48] Das BVerfG betont dabei, dass die Rundfunkanstalten sich nicht vollständig frei, sondern nur im Rahmen des Funktionsnotwendigen bewegen dürfen, so dass weder gesetzliche Programmzahlbegrenzungen von vornherein unzulässig sind, noch dass jede Programmentscheidung einer Rundfunkanstalt finanziell jederzeit honoriert werden muss. Darauf hat der Gesetzgeber im Rahmen seiner Ausgestaltungshoheit zu achten, vgl. BVerfG, 1 BvR 2270/05, Rnr. 114-125, vgl. dazu auch DÖRR (2005), S. 339.

zudem eine Bestands- und Entwicklungsgarantie zuerkannt. Dies ist verfassungsrechtliche Voraussetzung für die geringeren Anforderungen an den privaten Rundfunk.[49] Außerhalb der Tätigkeiten, die die Grundversorgung gewährleisten, genießt der öffentlich-rechtliche Rundfunk keine Bestands- und Entwicklungsgarantie, sondern er konkurriert mit den privaten Anbietern.[50]

In der Umsetzung ihrer Aufgabe schreibt das BVerfG das Prinzip der Selbstverwaltung für die Anstalten vor.[51] Somit hat der öffentlich-rechtliche Rundfunk seine Angelegenheiten im Rahmen der Gesetze selbst zu bestimmen.[52] Das Selbstverwaltungsrecht ist aber gegenständlich beschränkt, in der Rechtsprechung des BVerfG wird es auf die Programmtätigkeit bezogen.[53] In ihrem Finanzgebaren sind die Anstalten daher nicht aufsichtsfrei.[54] Bei der Umsetzung des Programmauftrags haben sie auf die gesetzlich fixierten Grundsätze von Wirtschaftlichkeit und Sparsamkeit[55], einer wirtschaftlichen Finanzgebarung[56] und Deckung der Ausgaben durch die Einnahmen zu achten.

Umgesetzt auf die Zielvorgabe bedeutet dies, dass auf Sachzielebene Beschaffungs-, Leistungserstellungs- und Leistungsabgabeziele zu definieren sind, die dem Programmauftrag genügen. Auf Formalzielebene sind Ziele zu finden, die eine wirtschaftliche Erfüllung des Programmauftrags gewährleisten.

Primäres Ziel und Endzweck öffentlich-rechtlicher Anbieter ist die Umsetzung des Programmauftrags, d.h. durch die Ausstrahlung des Programms soll ein möglichst hoher gesellschaftlicher Nutzen erreicht und so das Sachziel umgesetzt werden. Das Formalziel stellt mit der wirtschaftlichen Erfüllung die Vorgaben dar, unter denen der Programmauftrag umgesetzt werden muss.[57] Eine autonome Aufgabenbestimmung über den gesetzlich zugewiesenen Aufgabenbereich hinaus kommt dem öffentlich-rechtlichen Rundfunk nicht zu.[58]

---

[49] Vgl. Vgl. BVerfG 73, 118, 158.
[50] Vgl. KRAUSNICK, 2005, S. 49
[51] Vgl. BVerfGE 31, 314, 329, das Selbstverwaltungsrecht haben die jeweiligen Landesgesetzgeber in den einzelnen Rundfunk- bzw. Mediengesetzen und -staatsverträgen normiert, vgl. z.B. § 1 Abs. 1 Satz 2, 2. HS HRG.
[52] Vgl. MAUNZ (1974), S. 1.
[53] Vgl. BVerfGE 90, 60, 91.
[54] So ist z.B. nach § 19 HRG die Haushalts- und Wirtschaftsführung des Hessischen Rundfunks vom Landesrechnungshof zu prüfen. Die jeweiligen Landesregierungen haben keine direkte Weisungsbefugnis gegenüber den Landesrechnungshöfen, vgl. bspw. § 1 Hess. Rechnungshofgesetz.
[55] Vgl. z.B. §32 des MDR-StV unter „Wirtschaftlichkeit"
[56] Vgl. § 18 Abs. 1 HRG
[57] Vgl. LEHMANN (1987), S. 98.
[58] Vgl. BVerfGE 83, 238, 306. Vgl. auch DEGENHART (2001), S. 32.

2.2.2.1 Die Sachzielebene im öffentlich-rechtlichen Rundfunk

Die Anstalten sind zu allen Tätigkeiten ermächtigt, die nötig sind, um die aus dem Programmauftrag abgeleiteten Beschaffungs-, Leistungserstellungs- und Leistungsabgabeziele zu erreichen, die also einen unmittelbaren Auftragsbezug haben.

2.2.2.1.1 Haupttätigkeiten

Alle Tätigkeiten, die unmittelbar, unabdingbar und gegenständlich für die Veranstaltung von Rundfunk und Telemedien nötig sind, dürfen die Anstalten autonom unter dem Schutz der Rundfunkfreiheit ausführen. Dazu zählen die Auswahl des dargebotenen Stoffes, die Entscheidung über die Art und Weise der Darstellung, die gewählten Sendeformen und der Einkauf von Senderechten. Die Anstalten müssen das Programm bzw. die Sendung im Rahmen der Entwicklungsgarantie in einem technisch aktuellen Standard produzieren und verbreiten können.[59] In diesem Rahmen müssen sie Mitarbeiter einstellen und qualifizieren. Der Gesetzgeber hat hier keine direkte Einflussmöglichkeit. Der Übergang zwischen Haupt- und den nachstehend beschriebenen Randbetätigungen ist jedoch fließend.

2.2.2.1.2 Randbetätigung und Randnutzung

Die mittelbar den Programmauftrag fördernden Tätigkeiten werden uneinheitlich mit den Begriffen Hilfstätigkeit, Nebentätigkeit, Annextätigkeit, Randbetätigung und Randnutzung abgegrenzt.[60]

Diese Tätigkeiten, die nur am Rande ausgeführt werden und den gesetzlich definierten Anstaltszweck nicht beinträchtigen bzw. sachlich erweitern dürfen, sind entweder in den einfachgesetzlichen Normen konkret definiert (z.B. Werbung, Sponsoring, programmbegleitende Druckwerke) oder sie sind vom Selbstverwaltungsrecht der Anstalten umfasst. Einen Anspruch auf die Tätigkeiten haben die Anstalten allerdings nicht, so dass der Gesetzgeber derartige Tätigkeiten auch verbieten kann bzw. nicht zwingend eröffnen muss.[61]

Zu unterscheiden sind Tätigkeiten, die einer Vertiefung – nicht sachlichen Ausweitung – der öffentlich-rechtlichen Kompetenzen dienen. Kompetenzen im Bereich der Vorbereitung und

---

[59] Vgl. MAND (2002), S. 42-43.
[60] Vgl. DEGENHART (2001), S. 34-81, MAND (2002), S. 38-50. Die Verselbständigung der Hilfstätigkeit muss ausgeschlossen sein; vgl. GOUNALAKIS (2000), S. 25.
[61] Vgl. BVerfG, 1 BvR 341/93, Rnr. 37.

Durchführung der Haupttätigkeit können danach vertieft[62] oder auch aufgebaut werden, ohne dass dies einer ausdrücklichen gesetzlichen Ermächtigung bedarf.[63] Das BVerfG prägte dafür den Begriff der unterstützenden Randbetätigung[64], die den Anstaltszweck außerhalb bestehender Kompetenzen fördert, sich aber nicht durch eine Gewinnerzielungsabsicht auszeichnet.[65]

Davon abzugrenzen ist die (fiskalische) Randnutzung. Allgemein werden darunter die bei Gelegenheit der Aufgabenerfüllung zusätzlich möglichen Verwertungshandlungen verstanden Hier nutzt die Anstalt bereits vorhandene sachliche und programmliche Ressourcen auch außerhalb des Programms um weitere Einnahmen zu erzielen, die zweckgebunden verwendet werden, um die Aufgaben der Rundfunkanstalten zu fördern.[66]

Solange die Rundfunkfreiheit gewahrt bleibt, hat der Gesetzgeber hier Gestaltungsfreiheit. Er kann entsprechende Betätigungen ausdrücklich zulassen, diese fallen dann – wenn die Tätigkeit an die verfassungsrechtliche Aufgabenstellung gebunden ist – in den Schutzbereich der Rundfunkfreiheit (z.B. Werbung und Sponsoring). Andererseits kann der Gesetzgeber solche Betätigungen auch ausschließen, sofern Bestand und Entwicklung des öffentlich-rechtlichen Rundfunks nicht gefährdet wird.[67] Sollte der Gesetzgeber keine expliziten Normen vorgesehen haben, so fällt die Tätigkeit solange unter das Selbstverwaltungsrecht der Anstalten, wie sie vom Anstaltszweck umfasst ist.[68] Eine Erweiterung des anstaltlichen Funktionsbereichs bedarf dabei aber einer positiven Entscheidung des Gesetzgebers.[69] Werden nur Einnahmen generiert und besteht kein weiterer Zusammenhang zum Auftrag, wird dies als nicht ausreichend angesehen, um auf die Legitimation der Tätigkeit schließen zu können.[70]

---

[62] Vgl. MAND (2002), S. 45, vgl. DEGENHART (2001), S. 41.

[63] Vgl. DEGENHART (2001), S. 41.MAND (2002), S. 45, m.w.N., typisches Beispiel hierfür sind die programmbegleitenden Druckwerke, die im Wege der Programminformation und rundfunkeigenen Programmpresse der Heranführung an das Rundfunkprogramm dienen sollen.

[64] Vgl. BVerfGE, 83, 238, 313.

[65] Vgl. MAND (2002), S. 45, m.w.N., vgl. DEGENHART (2001), S. 41. Im Allgemeinen wird dies mit dem Begriff der Annextätigkeit umschrieben.

[66] Vgl. HARTSTEIN ET AL. (2010), § 13, Rnr. 16. Als Beispiele werden u.a. die Vermietung nicht genutzter Studios, der Kartenverkauf für Konzerte der Rundfunkorchester und der Weiterverkauf von Senderechten sowie der Verkauf von Sendemitschnitten genannt. Eine fiskalische Randnutzung ist auch bei Veräußerung nicht mehr genutzter technischer Ausrüstung oder Verwertung nicht mehr genutzter Rechte anzunehmen.

[67] Vgl. DEGENHART (2001), S. 45. Fraglich bleibt allerdings, in wie weit der Gesetzgeber die Anstalten zu diesen Tätigkeiten legitimieren darf.

[68] Vgl. BVerfG, 1 BvR 341/93, Rnr. 37. Das BVerfG hat allein wegen dem Fehlen einer expliziten Regelung für das Titelmerchandising - das zweifelsfrei unter die obige Definition der fiskalischen Randnutzung subsumiert werden kann – nicht dessen Unzulässigkeit abgeleitet.

[69] Vgl. DEGENHART (2001), S. 46-47.

[70] Vgl. IPSEN (1974), S. 321.

2.2.2.1.3 Tätigkeiten ohne Bezug zum Auftrag

Das BVerfG hat die Kriterien für die Abgrenzung eines noch bzw. nicht mehr gegebenen funktionalen Zusammenhangs in zwei Entscheidungen für die Bereiche der Herausgabe von Programmzeitschriften durch Rundfunkanstalten (WDR-Urteil) [71] und des sogenannten Titelmerchandisings (Guldenburg) [72] herausgearbeitet. Danach verläuft die Grenze der anstaltsrechtlichen Zulässigkeit dort, wo ein funktionaler Zusammenhang zur Hauptanstaltsaufgabe nicht mehr gewahrt ist. [73] Was keinerlei Bezug zum Hauptzweck der Rundfunkanstalten hat bzw. den Hauptzweck beeinträchtigen würde, liegt außerhalb des Aufgabenbereichs, ist nicht von der Rundfunkfreiheit und auch nicht vom Selbstverwaltungsrecht der Anstalten umfasst. [74] Fraglich ist, ob der Gesetzgeber die Anstalten zu diesen Tätigkeiten legitimieren darf. [75]

2.2.2.2 Die Formalzielebene im öffentlich-rechtlichen Rundfunk

Durch Kostendeckung [76], Kostenwirtschaftlichkeit [77] und Kostenwirksamkeit [78] soll eine Optimierung der Ressourcenallokation und Maximierung der Effizienz erreicht werden, um so zur wirtschaftlichen Erfüllung des Programmauftrags zu gelangen. Dabei wird nach dem Maximalprinzip gehandelt. [79] „Über das Rundfunkgebührenaufkommen ist der Aufwand an Produktionsfaktoren gegeben und hieraus soll der größtmögliche Güterertrag erzielt werden."[80] Engpassfaktor ist der vorgegebene Finanzrahmen. Fiskalische Hilfstätigkeiten sichern in diesem Zusammenhang in geringem Maße Flexibilität. In den Folgeperioden werden diese Einnahmen von der KEF auf den Finanzbedarf angerechnet.

---

[71] Vgl. BVerfGE 83, 238.
[72] Vgl. BVerfG, 1 BvR 341/93.
[73] Vgl. BVerfGE 83, 238, 312 f; BVerfG, 1 BvR 341/93 Rnr. 41.
[74] Vgl. HARTSTEIN ET AL. (2010), § 13 RfSt, Rnr. 16 ff.
[75] BVerfGE 83, 298, 298; BVerfG 28.10.1998 #86}, Rnr. 40, Die nicht einfachgesetzlich geregelten Nebentätigkeiten finden ihre Grenzen im Auftragszweck. Das BVerfG hat bisher allerdings nicht abschließend geklärt, wo die Grenzen des Ausgestaltungsspielraums des Gesetzgebers im positiven Sinn liegen, vgl. GOUNALAKIS (2000), S. 21.
[76] Kostendeckung i.S.v. ständiger Ausgleich der Kosten durch die Erträge.
[77] Kostenwirtschaftlichkeit i.S.v. möglichst kostengünstiger Umsetzung der durch den Programmauftrag definierten Leistungsziele.
[78] Unter Kostenwirksamkeit versteht man die positiven abzgl. negativen Auswirkungen von Rundfunkleistungen im Verhältnis zu den Faktoreinsätzen; eine Maximierung dieses Verhältnisses, ermöglicht den höchsten Nettonutzen beim Empfänger, vgl. KEMMER (1986), S. 47.
[79] Vgl. KEMMER (1986), S. 44.
[80] Vgl. KÖCHER, (2000), S. 224.

2.2.2.2.1 Finanzierung des öffentlich-rechtlichen Rundfunks

Neben der Sicherstellung einer staatsfernen und unabhängigen Organisationsform sind die Länder verpflichtet, ein Finanzierungssystem zur Verfügung zu stellen, das die finanzielle Unabhängigkeit der Rundfunkanstalten garantiert. Auch hier hat der Gesetzgeber – in Auslegung der geltenden Verfassung durch das BVerfG – einen weiten Gestaltungsspielraum, der erst dort endet, wo der öffentlich-rechtliche Rundfunk an der Erfüllung seines Auftrags gehindert wird. [81]

Aus der öffentlich-rechtlichen Funktion folgt auch eine gewisse Finanzierungssicherheit. Die zukünftigen Finanzierungsmittel müssen voraussehbar und planbar sein, so dass eine dem Auftrag entsprechende Programmplanung über einen mittelfristigen Zeitraum möglich ist. [82]

V.a aus den Gründen der Staatsferne wird die Finanzausstattung des öffentlich-rechtlichen Rundfunks nicht direkt aus dem staatlichen Haushalt vorgenommen. Rundfunkteilnehmer finanzieren die öffentlich-rechtlichen Anbieter vorrangig selbst durch die Rundfunkgebühr. [83] Zusätzlich besteht für die öffentlich-rechtlichen Rundfunkanstalten die Verpflichtung, Einnahmen aus fiskalischen Hilfsgeschäften zu nutzen. [84] Daher wird von einer Mischfinanzierung gesprochen.

Rundfunkgebühren wurden dabei vom BVerfG schon früh nicht als proportionales Äquivalent für die Leistung einer Rundfunkanstalt, sondern vielmehr als „das von den Ländern eingeführte Mittel zur Finanzierung der Gesamtveranstaltung Rundfunk" angesehen. [85] Das BVerfG macht aber auch darauf aufmerksam, dass die Gebührenpflicht „nur in dem Maß gerechtfertigt ist, das zur Funktionserfüllung erforderlich erscheint [86], der Gesetzgeber somit auch die

---

[81] Vgl. BVerfGEE 73, 118, 158; 74, 297. 324 f.; 83, 238, 298,310; 90, 60, 90.

[82] Das BVerfG spricht von einer, durch die Bestands- und Entwicklungsgarantie bedingten funktionsgerechten Finanzierung. Begreift man den öffentlich-rechtlichen Auftrag als Auftrag zur Leitbilds- und Qualitätssicherung, so muss die Finanzierung eine hinreichende Planungssicherheit herstellen, so dass kostenintensive langfristig geplante Programminhalte möglich sind, vgl. HASSE (2005), S. 101. Nur so kann die „unerlässliche Aufgabe der Grundversorgung" wahrgenommen werden, vgl. BVerfGEE 73, 118, 158; 74, 297, 324 f.; 83, 238, 298; 90, 60, 90.

[83] Vgl. BVerfGE 87, 181, 199, § 13 Abs. 1 2. HS RStV, FECHNER (2008), S. 277, Rnr. 78.

[84] Vgl. § 13 Abs. 1 RStV.

[85] Vgl. BVerfGE 31, 314, 330. Zwischen Gebühr und der Gegenleistung muss finanzrechtlich ein besonders enger Zusammenhang zwischen der Abgabenhöhe, dem wirtschaftlichen Wert oder dem sonstigen Nutzen bestehen, vgl. LIBERTUS (2008), Rnr. 25. Die Rundfunkgebühr widerspricht aber dem leistungsmäßigen Äquivalenzprinzip, da gemäß § 13 II RStV alleine das „Bereithalten eines Rundfunkempfangsgeräts" die Gebührenpflicht begründet. Um den Kriterien der kostenmäßigen Äquivalenz zu entsprechen, müsste die Gebühr aufgrund der „Preisanteilsdegression" in größeren Bundesländern geringer sein, vgl. SCHMITZ (1990), S. 306. Im Gegensatz zum BVerfG modifiziert das BVerwG hinsichtlich der Rundfunkanstalt und der Rundfunknutzer das Äquivalenzprinzip und versteht es in einem weiteren Sinne Alleine die Möglichkeit an der Gesamtveranstaltung Rundfunk teilzunehmen reicht demnach aus, um das Äquivalenzprinzip auszulösen, vgl. LIBERTUS (2008), RNr. 25.

[86] Vgl. BVerfGE 87,181,201.

Interessen der Gebührenzahler zu beachten hat. Insofern ist die Beziehung zwischen Gebühr und Rundfunkleistung durch das – aus dem Finanzrecht stammende – Konnexitätsprinzip geprägt. Danach muss der Übertragung einer Aufgabe an eine Behörde oder öffentlich-rechtliche Institution auch eine Regelung über die Kostendeckung folgen. Hieraus ergeben sich allerdings „Schranken für die Verwendung von Finanzierungsmitteln", die die Gebührenerhebung an den öffentlich-rechtlichen Auftrag binden. Es ist demnach unzulässig, die Gebühren für beliebige, nicht funktional mit dem Auftrag zusammenhängende Aufgaben zu verwenden.[87]

Der staatliche Einfluss auf die Gebührenfestlegung wurde durch die Ausgestaltung des KEF-Verfahrens – das vom BVerfG maßgeblich entwickelt worden ist[88] – weiter minimiert.[89] Weitere Finanzierungsquellen tragen dazu bei, staatlichen Einfluss so gering wie möglich zu halten. Auf der anderen Seite können diese aber andere Abhängigkeiten hervorrufen, wie das BVerfG in der zweiten Gebührenentscheidung konstatierte.[90]

2.2.2.2.2 Statistisches zur öffentlich-rechtlichen Rundfunkfinanzierung

Insgesamt flossen den Rundfunkanstalten im Jahr 2007 Mittel in Höhe von ca. 8,6 Mrd. Euro zu. Der Löwenanteil in Höhe von ca. 85 % (7,3 Mrd. Euro) entfiel auf die Rundfunkgebühren, die sich aus den Grundgebühren (2,72 Mrd. Euro) und den Fernsehgebühren (4,54 Mrd. Euro) zusammensetzen. Neben den Gebühren tragen Werbung und Sponsoring mit ca. 6,3 % (543,7 Mio. Euro) zur Finanzierung des öffentlich-rechtlichen Rundfunksystems bei. Ansonsten erwirtschaften ARD, ZDF und DLR noch Finanzerträge in Höhe von ca. 214 Mio. Euro (ca. 2,4 %), Erträge aus Kostenerstattungen von anderen Rundfunkanbietern in Höhe von ca. 106,7 Mio. Euro (ca. 1,2 %), sonstige betriebliche Erträge in Höhe von 472,2 Mio. Euro (ca. 5,4 %; darunter fallen insbesondere Programmverwertungen und Entgelte für die Einspeisung von Programme in ausländische Kabelnetze) sowie Beteiligungserträge in Höhe von 13,75 Mio. Euro (0,2 %). Ca. 15 % der öffentlich-rechtlichen Einnahmen entfallen daher auf Tätigkeiten, die außerhalb der Umsetzung des Programmauftrags erwerbswirtschaftlich angeboten werden.

---

[87] Vgl. LIBERTUS (2008), Rnr. 26.
[88] Vgl. BVerfGE 90, 60, 101 ff.
[89] Vgl. §§ 1-7 RFinStV.
[90] Vgl. BVerfG, 1 BvR 2270/05, 127. Daher sollten alle Finanzierungsformen hinsichtlich der Auswirkungen auf die Auftragsumsetzung überprüft werden,

2.3 Erwerbswirtschaftliche Betätigungen

Die öffentlich-rechtlichen Rundfunkanstalten bieten gesetzlich normierte (z.b. Werbung) und nicht normierte erwerbswirtschaftliche Tätigkeiten an. Die Bindung an den Auftrag begrenzt dabei zum Einen die Befugnis[91], einfach gesetzlich ausdrücklich gestattete Wirtschaftstätigkeit wahrzunehmen, gleichzeitig bildet sie aber auch die Grundlage zum Einbeziehung nicht geregelter wirtschaftlicher Betätigung. Die Zulässigkeit bestimmt sich durch die finanzielle Förderung des Anstaltszwecks (i.S.d. Wirtschaftlichkeit kann eine Verwertungshandlung sogar zwingend sein[92]) und einen funktionalen Zusammenhang zum Anstaltszweck.

2.3.1 Verhältnis von Auftrag und erwerbswirtschaftlicher Betätigung

Im NRW-Urteil stellt das BVerfG den Aufgabenbezug von öffentlich-rechtlichem Programmauftrag und erwerbswirtschaftlichen Tätigkeiten im Rahmen der fiskalischen Randnutzung her.[93] Die Verwertung eigener Rundfunkproduktionen und die darauf gerichtete Zusammenarbeit mit und Beteiligung an dritten Unternehmen sieht das BVerfG als mittelbar vom Schutzbereich der Rundfunkfreiheit umfasst an.[94] Bei solchen Tätigkeiten handelt es sich um durch den Rundfunkauftrag bedingte und diesem dienende Tätigkeiten.[95] Im Guldenburg-Beschluss stellt das BVerfG klar, dass der grundrechtliche Schutz erwerbswirtschaftlicher Tätigkeiten nicht zwingend von einer ausdrücklichen Ermächtigung in den Anstaltsgesetzen abhängt.[96] Löst sich die Verfolgung wirtschaftlicher Ziele – die die öffentlich-rechtlichen Rundfunkanstalten im Rahmen ihrer Selbstverwaltungsautonomie wahrnehmen – aber von den Aufgaben des öffentlich-rechtlichen Rundfunks, so fällt sie nicht mehr unter den Schutz der Rundfunkfreiheit.[97] Normierte wie nicht normierte Finanzierungsquellen dürfen die Funktion des öffentlich-rechtlichen Rundfunks weder beeinträchtigen noch gefährden.

---

[91] Der Rahmen des Funktionsbereichs und die Zweckbestimmtheit der Tätigkeiten setzen den Maßstab aller fiskalisch-erwerbswirtschaftlichen Tätigkeiten, vgl. IPSEN (1974), S. 733.

[92] Vgl. IPSEN (1974), S. 733.

[93] Im NRW-Beschluss ging es um die Verwertungsmöglichkeiten eigener Rundfunkproduktionen.

[94] Vgl. BVerfGE 83, 238. 303.

[95] Vgl. BVerfGE 83, 238, 304.

[96] Vgl. MAND (2002), S. 86, vgl. BVerfG, 1 BvR 341/93.

[97] BVerfG, 1 BvR 341/93.

2.3.2 Begrenzungen erwerbswirtschaftlicher Betätigungen

Der Rundfunkauftrag begrenzt auch die Möglichkeiten der Erzielung erwerbswirtschaftlicher Einnahmen. Die wirtschaftliche Betätigung darf nicht zum reinen Selbstzweck werden[98], die Rundfunkanstalten dürfen nicht alle Möglichkeiten der erwerbswirtschaftlichen Betätigung exzessiv nutzen. Alle „Befugnisse müssen der Verpflichtung zugeordnet bleiben, für ein den Anforderungen der Grundversorgung genügendes Programmangebot zu sorgen."[99] Daher muss auch bei Kooperationen mit privaten Anbietern darauf geachtet werden, dass der Programmauftrag des öffentlich-rechtlichen Rundfunks nicht von tendenziösen oder kommerziellen Orientierungen überlagert bzw. ausgehöhlt wird.

Der entscheidende Maßstab für die Zulässigkeit der erwerbswirtschaftlichen Betätigung liegt beim sachlichen Bezug auf den und eine potentielle Beeinträchtigung des normierten Rundfunkauftrags[100] Hat der Gesetzgeber der Rundfunkanstalt ausdrücklich eine Einnahmequelle durch eine spezifische wirtschaftliche Betätigung eröffnet, so fällt diese aus dem Gesichtspunkt der funktionsgerechten Finanzierung unter den Schutzbereich von Art. 5 Abs. 1 S. 2 GG.

Im Einzelnen ergeben sich für die Anstalten in der Umsetzung des Auftrags und für den Gesetzgeber im Rahmen seiner Ausgestaltungsverpflichtung verfassungsrechtliche Begrenzungen, die im Folgenden dargestellt werden. Darüber hinaus ist der Gesetzgeber durch die Kompetenzordnung (Art. 70 ff GG) begrenzt. Regulierungen außerhalb der Gesetzgebungskompetenz sind ihm nicht möglich.

2.3.2.1 Begrenzung durch die Verwendung von Rundfunkgebühren

Eine wichtige Begrenzung erfolgt aus der Verwendung von Gebührenmitteln.[101] Wie bereits in Kapitel 0 dargelegt bedarf es der Konnexität bzw. einem funktionalem Zusammenhang zwischen Gebührenerhebung, Gebührenhöhe und finanzierter Leistung.[102]

Wenn ohnehin vorhandene Ressourcen für erwerbswirtschaftliche Zwecke genutzt werden, liegt der funktionale Zusammenhang zur finanzierten Leistung nahe. Die Gebührengelder werden zunächst eingesetzt, um die Aufgaben der Rundfunkanstalten zu erfüllen, durch die

---

[98] Vgl. BVerfGE 83, 238, 303 f., dazu auch MAND (2002), S. 83, 98.
[99] Vgl. BVerfGE 83, 238, 304f., BVerfG, 1 BvR 341/93; vgl. MAND (2002), S. 98.
[100] Vgl. MAND (2002), S. 83, 87.
[101] Vgl. Kap. 0
[102] Vgl. dazu auch WEBER (2008), S. 738

anschließende kommerzielle Nutzung wird der Gebührenzahler entlastet. Von einem funktionalen Zusammenhang wird auch dann auszugehen sein, wenn die Tätigkeit an sich direkt den Aufgaben der Rundfunkanstalten dient.

Grenzen finden fiskalische Tätigkeiten dann, wenn die Gebührengelder den entsprechenden Teilnehmern nicht mehr zu Gute kommen. Kurzfristige rein fiskalische Gebühreninvestments innerhalb der Gebührenperiode sind bei den Rundfunkanstalten unproblematisch[103], da die Gebühren den Gebührenzahlern innerhalb der Gebührenperiode zurückfließen und das Investment (solange eine marktübliche Verzinsung gewährleistet ist) den Gebührenzahler entlastet.[104]

Längerfristige Investments benötigen jedoch einen weiteren funktionalen Zusammenhang zum durch die Gebühr finanzierten Rundfunkauftrag. Bei Einlagen in eine Tochterfirma, die insgesamt der Aufgabenerfüllung der Rundfunkanstalt dient oder Finanzanlagen, die für die Altersversorgung der Mitarbeiter (Pensionskassen) geführt werden, scheint ein solch ausreichender Zusammenhang zwischen Gebühreneinsatz und Finanzanalage gegeben zu sein.[105]

2.3.2.2 Begrenzung durch die Grundrechte Dritter

Weitere verfassungsrechtliche Grenzen ergeben sich vor allem aus den Grundrechten Dritter. Diese müssen die Anstalten beachten, soweit sie funktionell vergleichbarer Marktteilnehmer sind, der Gesetzgeber hat im Rahmen seiner Ausgestaltungsverpflichtung diesen Grundrechten Rechnung zu tragen.[106]

Die Frage nach der Zulässigkeit einzelner erwerbswirtschaftlicher Aktivitäten wird grundrechtlich einen Abwägungsprozess zwischen den Rechten öffentlich-rechtlicher und privater Anbieter nötig machen. Dabei können sich beide im Rahmen der unmittelbaren Rundfunkveranstaltung auf Art. 5 Abs. 1 Satz 2 berufen, der im Rahmen der „Schranken-Schranken-Theorie" auszulegen ist.[107] In den Bereichen außerhalb der unmittelbaren Rundfunkveranstal-

---

[103] Inflationsbedingt werden aufgrund der Berechnungsmodalitäten der Rundfunkgebühr in den ersten Jahren der Gebührenperiode Finanzmittelüberschüsse aufgebaut, die in den letzten Jahren der Periode verbraucht werden. Diese Mittel werden zwischenzeitlich ertragswirksam angelegt.

[104] Vgl. SCHULZ ET AL. (2009), S. 18f.

[105] Ähnlich Ipsen, der die Grenze der einer fiskalischen Hilfstätigkeit in der Deckung des Finanzbedarfs sieht, aber eine gezielte und planmäßige Erwirtschaftung von Überschüssen, durch den Anstaltszeck generell als nicht gedeckt ansieht; vgl. IPSEN (1974), S. 733.

[106] Vgl. MAND (2002), S. 87, 159.

[107] Als Ausnahme des Grundsatzes, demzufolge sich jPdöR nicht auf Grundrechte berufen können. Im Bereich der Rundfunkveranstaltung sind sie selbst unmittelbar diesem Grundrecht zugeordnet, und somit durch dieses

tung können sich die privaten Anbieter zusätzlich auch auf Art. 12 Abs. 1 und Art. 14 Abs. 1 GG berufen.[108] Auch Unternehmen außerhalb des Rundfunkbereichs können von erwerbswirtschaftlichen Betätigungen des öffentlich-rechtlichen Rundfunks beeinflusst sein, so dass auch deren Grundrechte bei einem Abwägungsprozess eine Rolle spielen können.[109]

2.3.2.3 Keine Beeinträchtigung der Erfüllung des Auftrags

Der Gesetzgeber hat Art. 5 Abs. 1 S. 2 verfassungskonform auszugestalten. Entscheidet er sich für ein duales Rundfunksystem, in dem dem öffentlich-rechtlichen Rundfunk eine „Grundsicherungsfunktion" zukommt, so darf er den öffentlich-rechtlichen Rundfunk in der Erfüllung des definierten Auftrags nicht beeinträchtigen. Eine solche Beeinträchtigung ergibt sich z.B. bei einem Verbot einer spezifischen erwerbswirtschaftlichen Einnahmeerzielung dann, wenn die Anstalt ihren gesetzlich normierten Verpflichtungen aus dem Rundfunkauftrag nicht mehr nachkommen kann.[110]

Auf der anderen Seite kann der Gesetzgeber aufgrund seiner Ausgestaltungsverpflichtung auch verfassungsrechtlich gezwungen sein, bestimmte erwerbswirtschaftliche Tätigkeiten zu untersagen. Deutlich wird dies im Guldenburg-Beschluss zum Titel-Merchandising. Das BVerfG hat hier die Position des BGH's nicht beanstandet, dass auch eine grundsätzlich zulässige Randbetätigung eine Gefahr für die Umsetzung des Programmauftrags darstellen kann.[111] In der zweiten Gebührenentscheidung macht das BVerfG in Bezug auf Werbung und Sponsoring deutlich, dass der Gesetzgeber vielfaltverengende Wirkungen[112] auszuschließen und dafür zu sorgen hat, den öffentlich-rechtlichen Rundfunk von jeglicher Einflussnah-

---

geschützt, vgl. BVerfGE, 31, 314, 322, vgl. dazu auch FECHNER ET AL. (2009), S. 263. Ein Schutz anderer Grundrechte eröffnet sich öffentlich-rechtlichen Anstalten nicht.

[108] Würden sich auch im originären Rundfunkbereich darauf berufen, könnte jegliche Konkurrenztätigkeit des öffentlich-rechtlichen Rundfunks einen Grundrechtseingriff in diese Tätigkeiten darstellen, vgl. HARTSTEIN ET AL. (2010), § 13, Rnr. 20.

[109] Vgl. SCHNEIDER (2010), S. 103 ff, der für den Bereich der Werbung darauf aufmerksam macht, dass ein öffentlich-rechtliches Werbeverbot auch die Werbetreibenden trifft und diese in ihrem Grundrecht der Meinungsfreiheit (Art. 5 Abs. 1 GG) i.S.e. Werbefreiheit und ihrer Unternehmensfreiheit i.S.d. Art. 12 Abs. 1 S. 2 GG beschränkt.

[110] Vgl. BVerfGE 83, 238, 310.

[111] Vgl. HARTSTEIN ET AL. (2010), B2, Rnr. 66. Das BVerfG hat in diesem Nichtannahmebeschluss der Verfassungsbeschwerde des ZDF die Position des BGH's nicht beanstandet, dass den für Titelmerchandising vom Rundfunk fern liegenden Warenbereichen kein Grundrechtsschutz aus Art. 5 Abs. 1 Satz 2 GG besteht. Es zeigt in der Entscheidung, dass es beim Titel-Merchandising einzig darum geht, Marken-Image und Bekanntheit aufzubauen, das Programm also nach „wirtschaftlichen Imperativen dienstbar" gemacht wird, vgl. 1 BvR 341/93, Rnr. 37 ff.

[112] Die vielfaltverengende Wirkung bringt das Gericht zum Ausdruck durch die angesprochenen Risiken einer Rücksichtnahme auf die Interessen der Werbewirtschaft, einer zunehmenden Ausrichtung des Programms auf Massenattraktivität sowie die Erosion der Identifizierbarkeit öffentlich-rechtlicher Programme.

me frei zu halten. [113] Es erscheint dementsprechend selbstverständlich, dass auch die Anstalt in der Umsetzung ihres Auftrags nur solche Tätigkeiten zulässt, die die Auftragserfüllung nicht beeinträchtigen. [114]

2.3.2.4 Begrenzungen durch Gesetzesvorbehalt nach Art. 5 Abs. 2 GG

Das duale Rundfunksystem ist wesentlich durch das Spannungsverhältnis zwischen der geistigen und ökonomischen Auseinandersetzung geprägt. [115] Wenn die erwerbswirtschaftliche Einnahmeerzielung verfassungsrechtlich dem Randbereich der Aufgabenwahrnehmung zugeordnet werden kann, entfaltet Art. 5 Abs.2 S 1 GG seinen Schutzbereich. Die für einen funktionierenden ökonomischen Wettbewerb wichtigen Wettbewerbsgesetze (GWB, UWG) gelten als Schrankengesetze i.S.d. Art. 5 Abs. 2 GG. [116] Eine etwaige Kollision mit rundfunkrechtlichen Zielwerten ist im Rahmen der praktischen Konkordanz abzuwägen[117], so dass im Rahmen der erwerbswirtschaftlichen Betätigung die Funktionsfähigkeit des Wettbewerbs geschützt werden kann. [118]

Generell gilt, je stärker der Zusammenhang der jeweiligen Tätigkeit mit der Programmveranstaltung ausgeprägt ist, desto stärker ist die Ausstrahlungskraft von Art. 5 Abs. 1 S. 2 GG gegenüber dem Schrankengesetz. Im Bereich der (fiskalischen) Randbetätigung haben die Wettbewerbsgesetze hinsichtlich der Zulässigkeit von Aktivitäten solange große Bedeutung[119], wie die Anwendung den spezifischen Auftrag des öffentlich-rechtlichen Rundfunks nicht unmöglich macht und die Finanzierung gesichert ist. [120]

---

[113] Vgl. BVerfG, 1 BvR 2270/05, Rnr. 127.

[114] Vgl. dazu auch SCHULZ ET AL. (2009), S. 36 f.

[115] Das BVerfG hat dies. im FRAG-Urteil aufgegriffen, da es kritisch darstellt, ob auf der Grundlage des [ökonomischen] Wettbewerbs ein Meinungsmarkt entstehen kann, vgl. HOFFMANN-RIEM (1991), S. 29, vgl. BVerfGE 57, 295, 322 f.

[116] Vgl. HARTSTEIN ET AL. (2010), Rnr. 22. Auch im Bereich der Pressefusionskontrolle werden die GWB-Normen nicht als Ausgestaltungsgesetze i.S.d. Art. 5 Abs.1 S. 2 gedeutet, sondern als allgemeine Gesetze i.S.d. Art. 5 Abs. 2 GG, vgl. HOFFMANN-RIEM (1991), S. 30.

[117] Vgl. EIFERT (2008), Rnr. 36.

[118] Solange die Rundfunkgesetze ökonomischen Wettbewerb tolerieren bzw. nutzen, setzen sie dementsprechend das Wirtschaftsrecht zur Funktionsfähigkeit des Wettbewerbs voraus, vgl. HOFFMANN-RIEM (1991), S. 58; generell ist das GWB aber nur für die privatwirtschaftliche Betätigung der öffentlichen Hand anwendbar, vgl. HOFFMANN-RIEM (1991), S. 120. Zum GWB als Schrankengesetz vgl. HOFFMANN-RIEM (1991), S. 126 ff.

[119] Vgl. zu Wettbewerbsrecht bspw. DEGENHART (2001), S. 87-116.

[120] Vgl. EMMERICH (2007), Rnr. 58-59. Im engen Bereich der eigentlichen Auftragsumsetzung, also im Bereich des publizistischen Wettbewerbs, sind die Wettbewerbsgesetze nicht von Belang, vgl. EIFERT (2008), Rnr. 35-37.

2.4 Leitlinien für erwerbswirtschaftliche Betätigungen

Der Funktionsbereich beschreibt den Bewegungsspielraum, in dem sich die Rundfunkanstalten entfalten können, die Handlungen haben sich am normierten Aufgabenbereich zu messen. Sämtliche Tätigkeiten des öffentlich-rechtlichen Rundfunks müssen vom gesetzlichen Auftrag umfasst sein und dem Anstaltszweck funktional dienen. Sie müssen in einem sachlichen Zusammenhang mit diesem stehen und dürfen ihn nicht gefährden.

Erwerbswirtschaftliche Betätigungen dürfen genauso wenig wie Beteiligungen und Kooperationen dazu führen, dass die öffentlich-rechtlichen Rundfunkanstalten eine „kommerzielle Primärorientierung" entwickeln. Die Anstalten haben den Vorrang der Gebührenfinanzierung zu wahren.[121]

---

[121] Vgl. BVerfGE 83, 238, 310.

3 Europarechtliche Implikationen

Für erwerbswirtschaftliche Aktivitäten, die praktisch mit dem zumeist im europäischen Kontext gebrauchten Begriff der kommerziellen Aktivitäten gleichzusetzen sind, spielen auch eine Vielzahl europarechtlicher Regelungen eine Rolle. Diese ergänzen das nationale Rundfunkrecht oder überlagern es zumindest teilweise.[122] Im hier behandelten Zusammenhang spielt insbesondere der AEUV und die dort definierten Grundfreiheiten[123] sowie das ergänzende Protokoll von Amsterdam eine Rolle. Die Organe der EU haben dabei insbesondere die Aufgabe, die Wirtschaftspolitik in den Mitgliedstaaten – unter dem Grundsatz einer offenen Marktwirtschaft mit freiem Wettbewerb[124] – zu koordinieren. Dazu dienen ihnen die Wettbewerbsregeln der Art 101 – 109 AEUV.

Dabei lässt der AEUV gem. Art. 345 die Eigentumsordnung in den verschiedenen Mitgliedstaaten unberührt. Die Union hat sich in ihren koordinierenden Maßnahmen gegenüber der einzelstaatlichen Eigentumsordnung neutral zu verhalten. Die Mitgliedstaaten können daher „über Art und Maß des öffentlichen und privaten Sektors in ihrer Wirtschaftsordnung nach ihren [eigenen] politischen Zielen bestimmen [... und] über Sozialisierungen und Privatisierungen [...] entscheiden." Dabei sind sie an die Grundfreiheiten und die Wettbewerbsregeln gebunden.[125]

3.1 Medien und europäisches Recht

Ein eigenständiges europäisches Medienrecht gibt es aus kompetenzrechtlichen Gründen nicht. Für die Medien sind trotzdem Vorschriften der europäischen Union, insbesondere die des AEUV, von Bedeutung.[126]

---

[122] Das europäische Primär- und Sekundärrecht entfaltet grundsätzlich vor dem nationalen Recht jeder Stufe Anwendungsvorrang. Nach Art. 4 Abs. 3 EUV sind die Mitgliedstaaten zur loyalen Zusammenarbeit mit der EU verpflichtet, damit das Gemeinschaftsrecht effektiv wirken kann, vgl. FINK ET AL. (2008), S. 5-7.

[123] Vgl. Art. 26 AEUV. Durch einen einheitlichen Binnenmarkt in dem der freie Verkehr von Waren, Personen, Dienstleistungen und Kapital (Grundfreiheiten) gewährleistet ist, will man sich wirtschaftlich näher kommen und gesellschaftliche Vorbehalte abbauen, vgl, FINK ET AL. (2008), S. 1.

[124] Vgl. Art. 119 ff. AEUV, dazu BADURA (2008), S. 70. Weitere Voraussetzungen die dazu geschaffen worden sind, sind die Wirtschafts- und Währungs- und Zollunion.

[125] Vgl. BADURA (2008), S. 70 f.

[126] Aufgrund der engen Verflechtung mit dem Gemeinschaftsrecht spielt im europäischen Medienrecht i.w.S. auch die Arbeit des Europarates eine Rolle. Bei Beginn der Mitgliedschaft ist die EMRK zwingend zu ratifizieren, sie enthält einen umfassenden Menschenrechtskatalog, der auch die Meinungs- bzw. Medienfreiheit umfasst, vgl. FINK ET AL. (2008), S. 2.

3.1.1 Medienbezug im Primärrecht

Das Primärrecht der EU enthält keine ausdrückliche Ermächtigung zur Regelung der Medien. Die audiovisuellen Medien werden lediglich in Art. 167 AEUV erwähnt, womit deutlich gemacht wird, dass die audiovisuellen Medien zum kulturellen Erbe Europas zählen. Die EU darf im Bereich der Kultur jedoch nur fördernd und nicht harmonisierend wirken. Grundsätzlich bleiben für den Rundfunk also die Mitgliedstaaten zuständig. Die Union darf im Rundfunkbereich keine Regelungen erlassen, die im Schwerpunkt den kulturellen Bereich berühren und die sich außerhalb von Fördermaßnahmen bewegen.

Einen ersten Impuls zur gemeinschaftsrechtlichen Erfassung von Rundfunk gab der EuGH 1974. Das Gericht stellte fest, dass die Veranstaltung von Fernsehsendungen Dienstleistungen i.S.d. Art. 56 AEUV sind[127], die auch unter die Dienstleistungsfreiheit fallen.[128] Diese Tätigkeit ist beim öffentlich-rechtlichen Rundfunk mit besonderen Gemeinwohlverpflichtungen (Grundversorgungsauftrag) durch hoheitliche Betrauung verbunden. Die Ausstrahlung eines ausgewogenen Rundfunkprogramms durch den öffentlich-rechtlichen Rundfunk wird daher als „Dienstleistung von allgemeinem wirtschaftlichem Interesse" bzw. „gemeinwirtschaftliche Dienstleistung" eingestuft.[129]

Die Qualifikation als „gemeinwirtschaftlich tätiges Unternehmen" gilt nicht pauschal für ein Unternehmen, sondern sie ist tätigkeitsspezifisch für die jeweilige Dienstleistung des Unternehmens zu ermitteln, so dass das gleiche Unternehmen auf unterschiedlichen Märkten anders behandelt werden kann.[130]

---

[127] Vgl. EuGH Rs. 155/73, Slg. 1974, 409, Rnr. 428 f. Der EuGH begründete diese Feststellung nicht näher, hielt in weiteren Entscheidungen u.a. Rs. 352/85, Slg. 1988, 2085; Rs. C-23/93, Slg. 1994, I-4795 aber daran fest. Im Urteil Bond-van-Adverteerders (Rs. 352/85, Slg. 1988, 2085) spezifizierte der EuGH mit der Ausstrahlungsleistung für die Programmveranstalter und der Werbeausstrahlung für die Werbetreibenden zwei grenzüberschreitende Leistungen. Das immanente Erfordernis der Entgeltlichkeit sah das Gericht in den Netzentgelten bzw. in den Aufschlägen auf die beworbene Ware, die dem Werbebudget zu Gute kommt.

[128] Vgl. EuGH Rs. C-23/93, Slg. 1994, I-4795. Rnr. 21.

[129] Vgl. EuGH, Rs. 155/73, Slg. 1974, 409, Rnr. 15 ff, vgl. auch EUROPÄISCHE KOMMISSION (2001b), Ziff. 33. Auch der EuGH erkennt die Gewährleistung des Pluralismus im Rundfunkwesen als ein Ziel an, das im Allgemeininteresse liegt und Einschränkungen der Dienstleistungsfreiheit rechtfertigen kann HARTSTEIN ET AL. (2010), B4, Rnr. 34. Bei der Definition einer Dienstleistung von allgemeinem wirtschaftlichen Interesse steht den Mitgliedstaaten eine Einschätzungsprärogative zu. Auch nach Ansicht der Kommission muss sich die Dienstleistung nicht nur auf ein ausgewogenes und breit gefächertes Rundfunkprogramm beschränken, sondern sie kann auch „neue Dienste" umfassen, vgl. KOENIG ET AL. , S. 806.

[130] Vgl. BASEDOW ET AL. (2007), RNr. 74; vgl. z.B. EuGH, Rs.C-18/88, Slg. 1991, I-5941, Rnr. 16, 22; EuGH Rs. C-320/91, Slg. 1993 I-2533, Rnr. 19.

3.1.2 Das Protokoll von Amsterdam als Auslegungsmaxime

Auf ihre Zuständigkeit im Bereich der Rundfunkregulierung weisen die Mitgliedstaaten mit der „Protokollerklärung über den öffentlich-rechtlichen Rundfunk in den Mitgliedstaaten zum EG-Vertrag" hin.[131] Gemäß Art. 51 EUV sind Protokolle Bestandteil des EUV und AEUV, der öffentlich-rechtliche Rundfunk wird somit auf die Ebene des Primärrechts gehoben.[132] Das Protokoll hat eine, die Verträge auslegende Funktion[133] und erklärt ausdrücklich die Kompetenz der Mitgliedstaaten, den Funktionsauftrag des öffentlich-rechtlichen Rundfunk festzulegen und dessen Finanzierung zu sichern. Die Anwendung des Wettbewerbsrechts wird nach dem Wortlaut des Protokolls aber nur relativiert und nicht ausgeschlossen. Die Organe der EU können somit wettbewerbsrechtliche Aktivitäten entfalten[134], sie haben die Wettbewerbsnormen aber gem. des Protokolls auszulegen.

Aus dem Protokoll geht hervor, dass die EU die Finanzierung nur dann nicht als wettbewerbskonform ansehen darf, wenn sie im Rahmen ihrer Prüfung zu der Erkenntnis gelangt, dass *(1) der Auftrag nicht den demokratischen, kulturellen und sozialen Bedürfnissen der Gesellschaft entspricht, (2) die Finanzierung des öffentlich-rechtlichen Rundfunks nicht dem festgelegten Auftrag dient (Beauftragung) und (3) die Finanzierung die Kostenlast, die durch die Erfüllung des öffentlich-rechtlichen Auftrags entsteht, übersteigt (Verhältnismäßigkeit).*[135]

3.1.3 Medien und das europäische Wettbewerbsrecht

Das europäische Kartell- und Fusionskontrollrecht sowie das Beihilferecht sind gemäß der Amsterdamer Protokollerklärung auch auf den öffentlich-rechtlichen Rundfunk anwendbar. Das europäische Wettbewerbsrecht kann damit auch im Rundfunkbereich der Ermöglichung von wirksamem und unverfälschtem Wettbewerb dienen.[136]

---

[131] Es ist dem Vertrag von Amsterdam beigefügt und hat mit Inkrafttreten dieses Vertrags Rechtskraft erlangt, vgl. HARTSTEIN ET AL. (2010) B4 Rnr. 32.

[132] Vgl. SCHNAITTER (2008), S. 21.

[133] Es handelt sich um keine Modifikation der Verträge, vgl. HARTSTEIN ET AL. (2010), B4, Rnr 33.

[134] Das Protokoll macht deutlich, dass die Rundfunkgebühren grundsätzlich keine verbotene Beihilfen i.S.d. Art. 107 Abs. 1 AEUV darstellen, vgl. HARTSTEIN ET AL. (2010) B4, Rnr. 32.

[135] Vgl. SCHNAITTER (2008), S. 50.

[136] Vgl. Art. 3 EUV i.V.m. Protokoll über den Binnenmarkt und Wettbewerb.

3.1.3.1 Wettbewerbsrecht im Allgemeinen

Bei der Anwendung des europäischen Wettbewerbsrechts auf den öffentlich-rechtlichen Rundfunks spielt Art. 106 Abs. 2 AEUV eine besondere Rolle. Danach sind die Wettbewerbsvorschriften dann nicht auf gemeinwirtschaftlich tätige Unternehmen anzuwenden, wenn diese durch deren Anwendung nachhaltig behindert werden.[137] Das bedeutet i.S.d. Amsterdamer Protokolls, dass das Wettbewerbsrecht dann nicht anzuwenden ist, wenn die „Erfordernisse der Erfüllung des […] Auftrags" nicht nur unwesentlich beeinträchtigt werden. Hinsichtlich der kommerziellen Betätigungen käme ein Ausschluss des europäischen Wettbewerbsrechts somit nur in Betracht, wenn die dadurch entstehenden Einnahmeausfälle dazu führten, dass der öffentlich-rechtliche Rundfunk Schwierigkeiten in der Auftragsumsetzung bekommt.[138] Die Abwägung zur Anwendung des Wettbewerbsrechts im eigentlichen Auftragsbereich ist schwieriger.

3.1.3.2 Beihilferecht im Speziellen

Das Beihilferecht (Art. 106 – 108 AEUV) hat dabei die größte Bedeutung für den öffentlich-rechtlichen Rundfunk. Es dient im Allgemeinen dazu, den Binnenmarkt vor Wettbewerbsverzerrungen durch staatlich finanzierte Unternehmen zu schützen. Art. 107 Abs. 1 AEUV definiert in diesem Zusammenhang, dass [1] „staatliche oder aus staatlichen Mitteln gewährte Beihilfen, gleich welcher Art, die durch [2] Begünstigung bestimmter Unternehmen […] den [3] Wettbewerb verfälschen oder zu verfälschen drohen, mit dem Gemeinsamen Markt unvereinbar" sind. In Übereinstimmung mit der Rechtsprechung des EuGH legt die Kommission den Beihilfebegriff weit aus und versteht darunter „Maßnahmen gleich welcher Art, die *mittelbar* oder *unmittelbar* Unternehmen begünstigen."[139] Eine Beihilfe ist also ausgeschlossen, wenn dem gewährten Vorteil eine angemessene Leistung gegenüber steht. Eine Begünstigung bzw. Beihilfe liegt nicht vor, wenn der Staat einem Unternehmen Mittel unter Marktbedingungen zur Verfügung stellt.[140]

---

[137] Vgl. HARTSTEIN ET AL. (2010), B4, RNr. 21. Gemäß Art. 106 Abs. 2 AEUV sind die Wettbewerbsvorschriften auf Unternehmen, die Dienstleistungen von allgemeinem wirtschaftlichen Interesse anbieten, nur dann ausgeschlossen, wenn das Unternehmen die besondere Aufgabe durch deren Anwendung nicht mehr erfüllen kann. Der EuGH legt die Bestimmung großzügiger aus, es reicht demnach, dass das Unternehmen behindert wird, vgl. dazu EuGH Rs. C-320/91, Slg. 1993, I-2533, Rnr. 14; EuGH Rs. C-159/94, Slg. 1997, I-5815, Rnr. 59.

[138] Ähnlich der Anwendung der Wettbewerbsgesetze als Schrankengesetze i.S.v. Art. 5 Abs. 2 GG.

[139] Vgl. EuGH, Rs C-6/64, Slg. 1964, 1253, 1272.

[140] Vgl. KOENIG ET AL. , S. 804. Vgl. auch EuGH, Rs. C-303/88, Slg. 1991, I-1433, Rnr. 20; EuGH, Rs. C-482/99, Slg. 2002, I-4397, Rnr. 69.

Art. 107 Abs. 2f. AEUV definiert einige generelle Ausnahmen von einer nicht zulässigen Beihilfe, bspw. wird die Kulturförderung genannt. [141] Solche Einzelfälle legt die Kommission allerdings eng aus. [142] Kommt die Kommission im formellen Beihilfeverfahren nach Art. 108f. AEUV zu dem Schluss, dass die Beihilfe bzw. ein Teil der Beihilfe unzulässig gewährt worden ist, verlangt sie, dass der Mitgliedstaat die Beihilfe vom Unternehmen zurückfordert.

3.2 Öffentlich rechtlicher Rundfunk und das Sekundärrecht der EU

Es war bzw. ist lange strittig gewesen, welche Sekundärrechtsakte auf den öffentlich-rechtlichen Rundfunk angewendet werden müssen. Zentrale Fragestellungen waren bzw. sind hier, ob öffentlich-rechtliche Rundfunkanstalten aus staatlichen Mitteln finanziert werden und ob eine Begünstigung i.S.d. Beihilferechts vorliegt.

Wesentliche Relevanz haben die Fernseh- bzw. AVMD- und die Transparenzrichtlinie sowie die Rundfunkmitteilung. Während erstere für öffentlich-rechtlichen wie privaten Rundfunk gilt, also einen generellen Rahmen für die Rundfunkveranstaltung z.B. hinsichtlich des Verbraucherschutzes oder der europäischen Integration vorgibt[143], sind die beiden zuletzt genannten Sekundärrechtsakte von spezifischem Interesse für den öffentlich-rechtlichen Rundfunk.

3.2.1 Transparenzrichtlinie

Mit der Transparenzrichtlinie verfolgt die Kommission das Ziel, Daten im Hinblick auf öffentliche Mittel und ihre Verwendung zu gewinnen. Durch Transparenz in den finanziellen Beziehungen zwischen Staat und öffentlichen Unternehmen[144] sollen die Beihilfevorschriften

---

[141] Bei der Frage, ob eine staatliche Maßnahme der Förderung der Kultur dient, geht die Kommission von einem engen Kulturbegriff aus. Zudem unterscheidet die Kommission zwischen dem Inhalt eines Produkts und dem Medium, über welches das Produkt verbreitet wird. Dementsprechend sieht sie die Verbreitung von audiovisuellen Inhalten als den bildungspolitischen Zielen eines Mitgliedstaats dienend und nicht als Kulturförderung gemäß Art. 107 Abs. 3 lit. d) AEUV an, vgl. BARTOSCH (2009), S. 685.
[142] Die Kommission hat bereits im Nachgang zum Amsterdamer Protokoll, in der Rundfunkmitteilung von 2001 erläutert, wie sie die Beihilfevorschriften auf den öffentlich-rechtlichen Rundfunk anwendet. Daraus ergibt sich, dass eine Rechtfertigung über Art. 107 Abs. 3 lit. d) AEUV nur angewendet wird, wenn ausschließlich eine Kulturförderungsaufgabe an den Rundfunk übertragen worden ist, da Ausnahmen generell eng auszulegen seien, vgl. FINK ET AL. (2008), S. 137-138.
[143] Auch aus der AVMD-Richtlinie ergeben sich Begrenzungen für den öffentlich-rechtlichen Rundfunk im Rahmen seiner kommerziellen Betätigungen, insbesondere hinsichtlich Werbung und Sponsoring. Da dieser Rahmen für alle Rundfunkveranstalter gleichermaßen gilt, soll auf diese Richtlinie im Rahmen dieser Arbeit nicht eingegangen werden.
[144] Vgl. Art. 1 Transparenz-RL.

angemessen angewendet werden können. [145] Gemäß der Richtline hat ein Unternehmen, das (1) *Dienstleistungen von allgemeinem wirtschaftlichen Interesse* nach Art. 106 Abs. 2 AEUV anbietet, (2) für diese Dienstleistungen *staatliche Beihilfen* in jedweder Form einschließlich Geld- und Ausgleichszahlungen erhält und (3) in *verschiedenen Geschäftsbereichen tätig* ist, die Pflicht zur getrennten Buchführung. Die Aufstellung von Kosten und Erlösen hat für die verschiedenen Geschäftsbereiche getrennt zu erfolgen. So soll (potenzielle) Quersubventionierung von Geschäftstätigkeiten außerhalb der eigentlich beauftragten Tätigkeiten erkennbar werden. [146]

In Bezug auf die Anwendung der Transparenzrichtlinie auf den öffentlich-rechtlichen Rundfunk ist also relevant, ob die Anstalten Unternehmen sind, die in verschiedenen Bereichen tätig sind und ob die Rundfunkgebühr eine Beihilfe nach Art. 107 Abs. 1 AEUV darstellt.

3.2.2 Rundfunkmitteilung

In der „Rundfunkmitteilung" geht die Kommission unter Einbezug des Amsterdamer Protokolls[147] genau dieser Frage nach.[148] Sie qualifiziert die öffentlich-rechtliche Rundfunkfinanzierung – unabhängig von der jeweiligen mitgliedsstaatlichen Ausgestaltung – als staatliche Finanzierungsform für Unternehmen, die Dienstleistungen von allgemeinem wirtschaftlichem Interesse anbieten. Die Rundfunkmitteilung stellt die Prüfungsmodalitäten dar, nach der die Kommission die Beihilfequalifikation vornimmt.[149]

Im Hinblick auf Art. 107 prüft sie zunächst, ob gemäß Abs. 1 eine Beihilfe vorliegt und ob diese gem. Abs. 2 und 3 unter die möglichen Ausnahme- bzw. Freistellungsregeln fällt.[150] Erst dann prüft sie die Vereinbarkeit mit dem Gemeinsamen Markt gem. § 106 Abs. 2 AEUV. Dies ist für die Kommission wesentlich, da die Finanzierung deswegen angemeldet und vor

---

[145] HAIN (2001), S. 219 f.

[146] Vgl. HAIN (2001), S. 220. Die Pflicht für die getrennte Buchführung ist allerdings eingeschränkt, beispielsweise gilt sie u.a. nicht, wenn die staatlichen Beihilfen für einen angemessenen Zeitraum in einem offenen, transparenten und nicht diskriminierenden Verfahren festgesetzt werden, vgl. Art. 4 Abs. 2 Transparenz-RL.

[147] Die Beauftragung überprüft die Kommission dabei nur auf offensichtliche Fehler, speziell nimmt sie keine Qualitätsprüfung des Programms hinsichtlich des Auftrags vor.

[148] Vgl. EUROPÄISCHE KOMMISSION (2001b)

[149] Vgl. EUROPÄISCHE KOMMISSION (2001b), Rnr. 4.

[150] Vgl. EUROPÄISCHE KOMMISSION (2001b), Rnr. 25-27.

Durchführung notifiziert und genehmigt werden muss. [151] Um zu beurteilen, ob die öffentlich-rechtliche Rundfunkfinanzierung den Wettbewerb in nicht unverhältnismäßig hohem Ausmaß beeinträchtigt[152], benötigt sie eine klare und präzise Definition des öffentlichen Auftrags und eine transparente und angemessene Trennung zwischen den gemeinwirtschaftlichen und kommerziellen Aktivitäten gem. der Transparenzrichtlinie.[153] Damit rechtfertigt die Kommission dem Grunde nach die kommerzielle Betätigung des öffentlich-rechtlichen Rundfunks europarechtlich[154]. Voraussetzung ist, dass der Wettbewerb auf den sachlich relevanten [kommerziellen] Märkten durch die öffentlich-rechtliche Rundfunkfinanzierung nicht in einem Ausmaß beeinträchtigt wird, das den Gemeinschaftsinteressen zuwiderläuft".[155]

Die unterschiedliche mitgliedsstaatliche Ausgestaltung der Rundfunkfinanzierung führt dazu, dass der Beihilfecharakter sowie mögliche Marktverzerrungen, die nicht durch den öffentlich-rechtlichen Auftrag bedingt sind, durch die Kommission im Einzelfall überprüft werden. [156] Dabei wägt die Kommission positive und negative Effekte auf das Gesamtsystem und in relevanten Teilmärkten ab.[157]

Seit der Veröffentlichung der Mitteilung in 2001 erfolgten weitere einzelfallbezogene EuGH- und Kommissionsentscheidungen. Die Kommission novellierte die Mitteilung daher 2009. Entscheidendes Ereignis war das Urteil des EuGH in der Rechtssache Altmark-Trans[158], dass im Rahmen der Einzelfallüberprüfung der deutschen Rundfunkgebühren im Folgenden dargestellt werden soll.

---

[151] Vgl. Art. 108 EGV, vgl. DÖRR (2005), S. 336. Dies hätte zur Folge, dass jede neue Rundfunkfinanzierung in Deutschland, sogar jede Gebührenerhöhung zunächst einmal ausgesetzt werden könnte, um von der Kommission überprüft zu werden.

[152] Bezeichnet als „Negativtest", vgl. EUROPÄISCHE KOMMISSION (2001b), Rnr. 47.

[153] Vgl. EUROPÄISCHE KOMMISSION (2001b), Rnr. 49 ff.

[154] Vgl. EUROPÄISCHE KOMMISSION (2001b), Rnr. 36; vgl. SCHNEIDER (2010), S. 46 f. Die Kommission kommt so der mitgliedsstaatlichen Kompetenz bzgl. der Eigentumsordnung nach.

[155] EUROPÄISCHE KOMMISSION (2001b), Rnr. 46, 48.

[156] Vgl. EUROPÄISCHE KOMMISSION (2001b), Rnr. 17, 60. Als Beispiel für potenzielle Marktverzerrung nennt die Kommission das billigere Anbieten von Werbezeiten, um die Einnahmen der Konkurrenz zu drücken, vgl. EUROPÄISCHE KOMMISSION (2001b), Rnr. 58.

[157] So könnte in einigen Märkten durch die Betätigung des öffentlich-rechtlichen Rundfunks eine Quelle erhalten werden, die positiv auf die Gesamtnachfrage in dem Markt wirkt, allerdings könnte die öffentlich-rechtliche Betätigung dritte Anbieter vom Markt fernhalten, vgl. EUROPÄISCHE KOMMISSION (2001b), Rnr. 61.

[158] EuGH Rs. C-280/00, Slg. 2003, S. I-7747.

3.3 Beihilfen und der deutsche öffentlich-rechtliche Rundfunk

Für die deutschen öffentlich-rechtlichen Anbieter hat die Kommission die beihilferechtliche Prüfung aufgrund einer Beschwerde des VPRT vorgenommen.[159]

Vor allem die Qualifikation der Rundfunkgebühr als staatliches Mittel und die Begünstigungsprüfung anhand der Altmark-Trans-Kriterien war bzw. ist bis heute zwischen der Kommission und Deutschland strittig. Der Annahme der Kommission, dass Rundfunkgebühren staatliche Mittel darstellen, kann unter Berufung auf die jüngere EuGH-Rechtsprechung wohl gefolgt werden.[160] Die Einstufung als Begünstigung ist allerdings immer noch problematisch.

3.3.1 Begünstigungsprüfung nach Altmark-Trans

Im Altmark-Trans-Urteil, einem Urteil zum Personennahverkehr, konkretisiert der EuGH vier Kriterien, nach denen zu beurteilen ist, ob eine Begünstigung vorliegt.[161] Danach sind staatliche Ausgleichmaßnahmen nicht als Begünstigungen einzustufen, wenn (1) die Betrauung mit klar definierten Verpflichtungen einhergeht, (2) die Berechnungsparameter der Ausgleichleistung ex ante in objektiver und transparenter Weise bestimmt worden sind, (3) nur die zur Bedarfsdeckung erforderlichen Mittel ausgeglichen werden und (4) die Effizienz des betrauten Unternehmen sichergestellt ist. Die Effizienz soll durch den Vergleich mit der Kostenstruktur eines durchschnittlich gut geführten Unternehmens sichergestellt werden.[162]

---

[159] Letztendlich ging es um Beschwerden mehrerer Konkurrenten in verschiedenen Märkten. Es lagen Beschwerden zu Internetaktivitäten, für den Produktionsbereich, zur Vermietung von Senderstandorten und der Nicht-Einhaltung europäischer Transparenzerfordernisse vor, vgl. EUROPÄISCHE KOMMISSION (2007), Rnr. 67-73.

[160] In einem Verfahren zum Vergaberecht stellte der EuGH 2007 fest, dass bei den öffentlich-rechtlichen Rundfunkanstalten in Deutschland die für öffentliche Auftraggeber charakteristische Finanzierung durch den Staat vorliegt, vgl. EuGH, Rs C-337/06.

[161] Zuvor hat der EuGH im Urteil zu Ferring/ACCOSS (EuGH Rs. C-53/00, Slg. 2001, I-9067) eine Begünstigung aufgrund reiner Kostenerstattung einer gemeinwirtschaftlichen Aufgabe ausgeschlossen. Allerdings führte dies zu Kritik, da eine reine Kostenerstattung ohne Gewinnerzielungsabsicht führt zu der Gefahr ineffizienter Produktion. Die vier Kriterien sollen nun sicherstellen, dass ein vernünftiges Verhältnis zwischen Aufwand und finanzierter Leistung berücksichtigt ist, vgl. DÖRR (2005), S. 337.

[162] HARTSTEIN ET AL. (2010), B4, RNr. 35.

3.3.2 Die Begünstigung nach europäischer und deutscher Sicht

Die Kommission sieht das zweite und vierte Altmark-Trans-Kriterium als nicht erfüllt an.[163] Die Rundfunkfinanzierung stellt demnach in ihren Augen eine Begünstigung dar, die selektiv einzelnen Unternehmen zukommt.[164]

Deutschland ist hier aber wesentlich anderer Auffassung. Das Kriterium der Erforderlichkeit sei durch das KEF[165]-Verfahren erfüllt. Die Finanzierung sei vorab objektiv und transparent festgelegt und sie wird ex post überprüft. Dem Effizienzkriterium nach Altmark-Trans entspräche man durch das bei der Gebührenfestsetzung von der KEF angewendete indexgestützte Prüf- und Berechnungsverfahren (IIVF).[166] Damit liegt aus deutscher Sicht keine Begünstigung und somit auch keine Beihilfe vor.

Dieser Argumentation folgte die Kommission nicht, in ihren Augen handelt es sich um eine Begünstigung die grenzüberschreitende Auswirkungen hat. Gem. Art. 106 Abs. 2 AEUV könnte die Anwendung des Beihilferechts aber ausgeschlossen werden, da es die Erfüllung der „übertragenden besonderen Aufgabe rechtlich oder tatsächlich verhindert."[167] Vorausset-

---

[163] Nach ständiger Rechtsprechung verlangt die Qualifizierung als Beihilfe, dass alle in Art. 87 Abs. 1 EGV genannten Merkmale erfüllt sind (Urteile des EuGH vom 21.03.1990, Belgien/Kommission vom 14.09.1994, Spanien/Kommission, C-278/92 bis C-280/92, Slg. 1994. I-4103, RNr. 20, Frankreich/Kommission, C 482/99, Slg. 2002, I-4397, RNr. 68.

[164] Auf den Tatbestand der Begünstigung schließt die Kommission, da sie regelmäßig „in apodiktischer Weise" im Bereich der europäischen Rundfunkfinanzierung das zweite und vierte Altmarkt-Trans-Kriterium verneint, vgl. BARTOSCH (2009), S. 685. Im deutschen Fall sieht die Kommission also die KEF-Systematik als nicht ausreichend an, um von einer hinreichend objektiven und transparente Gebührenfeststellung zu sprechen zu können.

[165] Die KEF wurde in ihrer jetzigen Form gerade eingesetzt, um dem Vorwurf eines „politischen Preises" entgegen zu treten und um zu einer größeren Objektivierbarkeit der Gebührenentscheidung zu gelangen, vgl. HARTSTEIN ET AL. (2010), B5, zu § 14 RStV. Rnr. 1ff. Aufgrund der ersten Gebührenentscheidung des BVerfG (BVerfG 90,60) wurde ein weitgehend objektives, transparentes, rundfunk- und politikfreies Verfahren ausgestaltet, das sicherstellen soll, dass die Rundfunkanstalten sich nicht außerhalb ihres Auftrags bewegen und tatsächlich genau die Finanzmittel erhalten, die sie zur Erfüllung ihrer Aufgaben benötigen, vgl. § 14 RStV. Die gesetzlichen Aufgaben der KEF sehen vor, dass sie prüft, ob die Grundsätze von Wirtschaftlichkeit und Sparsamkeit eingehalten, Rationalisierungs- und Kooperationsmöglichkeiten beachtet und alle sonstigen möglichen Einnahmen genutzt und in die Bedarfsberechnung einbezogen werden. Sie berichtet darüber alle zwei Jahre. Im Normalfall wird die Gebühr alle vier Jahre angepasst.

[166] Vgl. KOENIG ET AL. , S. 812. Im IIVF-Verfahren wird in drei aufeinander folgenden Schritten zunächst der Bestand und darauf folgend der Entwicklungsbedarf festgestellt sowie schließlich die Wirtschaftlichkeit und Sparsamkeit nachgewiesen. Besonders beim Nachweis der Wirtschaftlichkeit und Sparsamkeit überwiegt ein analytisches Kostenmodell. Dabei wird auf die Nettokosten abgestellt, in Zusatzschritt E des IIVF werden die Erträge außerhalb des Gebührenaufkommens bedarfsmindernd angerechnet, zum Verfahren vgl. KOENIG ET AL., S. 809-811 m.w.N.

[167] In der Entscheidung Kinderkanal / Phoenix vertrat die Kommission die Ansicht, dass eine Gegenleistung nur dann keine Beihilfe sei, wenn sie zu Marktbedingungen festgesetzt sei, dass also ein Marktpreis für die gemeinwirtschaftliche Dienstleistung ermittelt werden müsse und das mit der Dienstleistung betraute Unternehmen nach objektiven Kriterien ausgewählt werden müsse; vgl. Kommission, Entscheidung vom 24.02.1999, betreffend Sache NN 70/98, Tz. 6.1.1 (unveröffentlicht), zitiert nach STULZ-HERRNSTADT (2004), S. 75. Zuvor

zung ist, dass ein klar definierter Auftrag vorliegt und die kommerziellen Aktivitäten der Anstalten nicht in den öffentlich-rechtlichen Auftrag fallen. Eine Gestattung solcher Tätigkeiten durch den Gesetzgeber hat zur Folge, dass die Anstalten den Transparenzverpflichtungen nachkommen müssen.[168]

3.3.3 Möglichkeiten der Marktverzerrung

Wie bereits beschrieben, nimmt die Kommission im Rundfunkbereich eine grenzüberschreitende Beeinträchtigung bzw. Verzerrung des Wettbewerbs an.

Voraussetzung für das Vorliegen einer Wettbewerbsverfälschung ist ein relevanter Markt. Allgemein kann man diesen definieren als einen Bereich wirksamer Konkurrenz, in dem die Produkte aus Sicht der Nachfrager kurzfristig substituierbar sind.[169] Zur Abgrenzung bedienen sich Kommission und BKartA dem Konzept der funktionalen Austauschbarkeit aus der Sicht eines verständigen Abnehmers.[170]

Hinsichtlich der öffentlich-rechtlichen Rundfunkfinanzierung sind gewöhnlich der Programmveranstaltungs-, -beschaffungs-, -verwertungs- sowie der Werbemarkt von Relevanz. Versteht man unter einem Markt einen ökonomischen Ort, auf dem Angebot und Nachfrage unter der Bedingung einer Austauschbeziehung mit Preisbildung zusammentreffen[171], so ist umstritten, ob im Hinblick auf die Programmveranstaltung im Free-TV von einem wettbewerbsrechtlich relevanten Markt ausgegangen werden kann.[172] Die Veranstalter stellen sich auf diesem Markt nicht einem ökonomischen, sondern eher einem publizistischen Wettbe-

---

ging die Kommission davon aus, dass jeder Transfer, auch wenn damit nur die Nettokosten für die anfallenden Verpflichtungen abgedeckt würden, als Beihilfe anzusehen sei, vgl. EUROPÄISCHE KOMMISSION (2001b), Rnr. 19.

[168] Vgl. HASSE (2005), S. 126.

[169] Relevante Märkte können in sachlicher, räumlicher und zeitlicher Hinsicht abgegrenzt werden. Probleme geben sich insbesondere bei der sachlichen Marktabgrenzung, vgl. dazu auch SCHMIDT (1999), S. 49 ff., so dass im Folgenden auf die sachliche Abgrenzung eingegangen wird.

[170] Vgl. HEINRICH (1994), S. 35 f. Die Ansätze von Kommission und BKartA unterscheiden sich nicht wesentlich. Zur Beurteilung der funktionalen Austauschbarkeit bedient man sich einer vergleichenden Analyse der Produkteigenschaften und Verwendungszwecke, vgl. dazu auch KOCH ET AL. (2008), S. 78, EUROPÄISCHE KOMMISSION (1997)

[171] Vgl. GABLER (2010): Definition zu Markt. Voraussetzung dazu sind knappe Güter, die im Bereich der Rezeption von Free-TV nicht vorhanden sind. Bei den Programmen handelt es sich vielmehr um öffentliche Güter, die sich durch Nicht-Rivalität im Konsum und Nichtausschlussfähigkeit einzelner Rezipienten auszeichnen. Eine (direkte) Preisbildung über den Rezipientenmarkt ist damit nicht möglich.

[172] Auf dem Free-TV-Programmmarkt fehlt es an einer wirtschaftlichen Austauschbeziehung zwischen den Programmanbietern und den Rundfunknutzern, zur Diskussion dazu vgl. HOFFMANN-RIEM (1991), S. 114-119.

werb um die Aufmerksamkeit der Rezipienten.[173] Die Betätigung auf dem Programmbeschaffungsmarkt ist wiederum Grundlage zur Umsetzung des Programmauftrags, sie fällt damit in den hoheitlichen Bereich.[174] Da diese beiden Märkte der Auftragserfüllung dienen und keine Möglichkeiten der Einnahmeerzielung enthalten, soll auf sie nicht weiter eingegangen werden. Dies soll aber nicht darüber hinweg täuschen, dass gerade auch die Finanzierung der Programmveranstaltung der Ansatzpunkt für die Beihilfeeinstufung der Kommission ist.[175]

Wohl unbestritten handelt der öffentlich-rechtliche Rundfunk bei der Rechteverwertung und bei der Vermarktung von Werbezeiten auf ökonomischen Märkten. Eine Verfälschung des Wettbewerbs kann in diesen Bereichen nicht ausgeschlossen werden, solange diese Tätigkeiten von den Gebühren partizipieren. Dies gilt natürlich auch für die Einnahmeerzielung auf anderen ökonomischen Märkten.

Auf dem *Werbemarkt* haben die öffentlich-rechtlichen Anbieter den Vorteil, dass sie - im Gegensatz zu privaten Anbietern- nicht alleine auf die Werbeeinnahmen angewiesen und somit nicht von der Werbewirtschaft abhängig sind.[176] Eine Verfälschung im Wettbewerb um die Werbekunden kann damit generell nicht ausgeschlossen werden. Allerdings ist in diesem Zusammenhang darauf hinzuweisen, dass der öffentlich-rechtliche Rundfunk lediglich einen Anteil von 2,3 % am Gesamtwerbemarkt hat, so dass eine Verzerrung des gesamten Werbemarktes ausgeschlossen scheint. Sektorspezifisch hat der öffentlich-rechtliche Rundfunk auf dem – vom Duopol von RTL und ProSiebebenSAT.1 beherrschten TV-Werbemarkt mit ca. 7 % eine untergeordnete Bedeutung.[177] Eine potenzielle Verfälschung des Wettbewerbs ist am ehesten im Hörfunkbereich durch öffentlich-rechtliche Anbieter anzunehmen. Diese vereinen

---

[173] Vgl. HASSE (2005), S. 131. Der Programmveranstaltungsmarkt könnte über die Einschaltquoten eine ökonomische Auswirkung auf die Vermarktung von Werbezeiten, dem wichtigsten Refinanzierungsinstrument im privaten Free-TV haben. Aber selbst bei dieser indirekten ökonomischen Beeinflussung ist umstritten, in weit die Preisfindung aufgrund der strikten Werberestriktionen aus § 16 RStV des öffentlich-rechtlichen Rundfunks verzerrt wird. Die Kommission geht hingegen von einem Programmveranstaltungsmarkt aus, indem die Finanzierung öffentlich-rechtlicher Anbieter direkt eine Wettbewerbsverfälschung darstellt, vgl. HELD ET AL. (2004), S. 43.

[174] Stellt man, gem. Art. 107 Abs. 1 AEUV auf die Wirkung der Finanzierung ab, so haben die öffentlich-rechtlichen Anbieter im Bereich der Programmbeschaffung einen gebührenbedingten Vorteil, da sie im Bereich kostenintensiver Programme tätig werden können, ohne jeweils direkt Refinanzierungsmöglichkeiten prüfen zu müssen. Dies entspricht aber dem Zweck öffentlich-rechtlicher Rundfunkfinanzierung, da der Grundversorgungsauftrag ein qualitativ hochwertiges, vielfältiges und damit auch kostenintensives Programm verlangt. Der Zweck kann allerdings erst auf der Rechtfertigungsebene nach Art. 107 Abs. 3 AEUV geprüft werden[174], und hat keine Auswirkung auf das Vorliegen eines Beihilfetatbestands, vgl. HASSE (2005), S. 132f.

[175] Die Kommission sieht v.a. die Finanzierung des Auftrags als nicht von den Altmark-Trans-Kriterien umfasst an, vgl. EUROPÄISCHE KOMMISSION (2007), Rnr. 130 f..

[176] Dies verlangt auch das BVerfG.

[177] Zwei Vermarkter bestimmen den Markt auf der Anbieterseite. Die IP als Vermarkter der RTL Group und SevenOneMedia als Vermarkter der Programme von ProSiebenSAT.1.

bei einem Hörermarktanteil von 57 %[178] ca. 28 %[179] der Nettowerbeerlöse auf sich. Allerdings ist hier zu beachten, dass die zum Verbund der ARD gehörende AS&S Radio GmbH neben der RMS - zusammen erreichen die beiden großen nationalen Hörfunkvermarkter einen Anteil von ca. 92 % – der einzig relevante Wettbewerber ist. Ein Wegfall öffentlich-rechtlicher Hörfunkwerbung würde in dieser Hinsicht eher zu einer Einschränkung als zu einer Belebung des Wettbewerbs führen.

Im *Programmverwertungsmarkt* treten die öffentlich-rechtlichen Sender im Gegensatz zum Programmbeschaffungsmarkt als Anbieter auf. Hier ist zu unterscheiden, ob die Anstalten ihre vorhandenen Rechte zweitverwerten oder ob eine von den öffentlich-rechtlichen Rundfunkanstalten gehaltene Produktionsgesellschaft in Wettbewerb mit anderen Produktionsgesellschaften um die Vergabe von Aufträgen tritt. Die Gefahr einer Marktverzerrung dürfte bei letzterem Fall das potenziell größte Problem darstellen, da z.B. die Übernahme von Infrastruktur der öffentlich-rechtlichen Anstalten zu einer wesentlichen Kostenverzerrung in einer solchen Produktionsgesellschaft führen dürfte.

Die dargestellten erwerbswirtschaftlichen Tätigkeiten haben Auswirkungen auf den zwischenstaatlichen Handel. So herrscht bspw. auf dem Werbemarkt Konkurrenz zu Sendern, an den ausländische Gesellschaften beteiligt sind, oder auf den Verwertungsmärkten werden Rechte in- und ausländischen Unternehmen angeboten. Allerdings sind nicht auf allen relevanten Märkten (negative) Wettbewerbsverzerrungen zu erwarten, so dass selbst bei negativer Begünstigungsprüfung nach Altmark-Trans nicht zwingend auf eine unvereinbare Beihilfe aufgrund erwerbswirtschaftlicher Betätigung geschlossen werden muss. Eine Einzelfallprüfung ist daher zwingend.

3.3.4 Der Beihilfekompromiss

Die Bedenken der Kommission führten dazu, dass Deutschland zahlreiche Zusagen machte, die als Zustimmung zu den von der Kommission nach Art. 18 VerfahrensVO vorgeschlagenen zweckdienlichen Maßnahmen[180] zu werten sind. Die Kommission sah die Zusagen als

---

[178] Vgl. AS&S, abgerufen am 20.04.2010 http://www.ard-werbung.de/5233.html
[179] Eigene Berechnungen gem. ARD (2009), S. 358 f, ZAW (2009), S 335.
[180] Die Maßnahmen sind exakt nach den Kriterien ermittelt worden, die die Kommission für die Vereinbarkeit einer Beihilfe mit dem Gemeinsamen Markt i.S.v. Art 106 AEUV (i.V.m. der Rundfunkmitteilung a.F. entwickelt hat, vgl. BENSINGER ET AL. (2007), S. 6.

weitgehend ausreichend an.[181] Sie stellte darauf im sog. Art. 19-Schreiben das Verfahren gegen Deutschland ein.

Aus dem Kompromiss ergeben sich folgende Auflagen hinsichtlich kommerzieller Aktivitäten des öffentlich-rechtlichen Rundfunks:

a) Klare Unterscheidung zwischen Dienstleistungen von allgemeinem wirtschaftlichen Interesse und rein kommerziellen Tätigkeiten.

b) Getrennte Rechnungskreise und Buchführung für kommerzielle und gemeinwirtschaftliche Aufgaben.

c) Beschränkung der Gebührenfinanzierung auf die Nettokosten des Auftrags.

d) Beschränkung der staatlichen Finanzierungsgarantie auf gemeinwirtschaftliche Aufgaben.

e) Marktkonformität als gesetzliches Erfordernis für alle Beziehungen der Rundfunkanstalten gegenüber Dritten und gegenüber Beteiligungen.[182]

Die Kommission geht davon aus, dass bei Einhaltung der Zusagen die Rundfunkgebühr aus ihrer Sicht als Beihilfe mit dem gemeinsamen Markt vereinbar ist.[183] Die Einstufung als Beihilfe ist damit aber noch nicht endgültig geklärt.

---

[181] Vgl. EUROPÄISCHE KOMMISSION (2007), Rnr. 358 - 396.
[182] Vgl. BENSINGER ET AL. (2007), S. 8.
[183] Vgl. EUROPÄISCHE KOMMISSION (2007) RNr. 397 ff. Bei nicht korrekter Einhaltung der Zusagen würde die Kommission das Verfahren wieder aufnehmen, vgl. BENSINGER ET AL. (2007), S. 6.

4 Kommerzielle Betätigung: EU-Vorgaben und deutsche Umsetzung

Die Möglichkeiten des Gesetzgebers zur Umsetzung der zweckdienlichen Maßnahmen innerhalb des verfassungsrechtlichen Rahmens hat das BVerfG in der kurz auf den Beihilfekompromiss folgenden zweiten Gebührenentscheidung v.a. hinsichtlich des Funktionsauftrags dargestellt. Diese Vorgaben haben mittelbar Bedeutung für den Bereich der kommerziellen Tätigkeiten, da die Kommission davon ausgeht, dass die Auftragsbestimmung spiegelbildlich den kommerziellen Bereich abgrenzt.[184]

4.1 Kommerzielle Tätigkeit vs. gemeinwirtschaftliche Aufgabe

4.1.1 Europarechtliche Vorgaben

Europarechtlich ist es unproblematisch, dass sich öffentliche Unternehmen außerhalb des eigentlich beauftragten Bereichs betätigen, um Einnahmen zu erzielen.[185] Die Tätigkeit darf dabei aber weder direkt noch indirekt von der staatlichen Finanzierung profitieren. Zum Schutz vor Marktverzerrung verlangt der Beihilfekompromiss daher eine klare Unterscheidung zwischen gemeinwirtschaftlichen Dienstleistungen und kommerziellen Tätigkeiten.[186]

Von der Kommission wird der Begriff der kommerziellen Tätigkeit nicht definiert, sondern nur negativ gegenüber gemeinwirtschaftlichen Tätigkeiten abgegrenzt. Es findet sich aber der Hinweis, dass die Kommission kommerzielle und gewerbliche Betätigung i.S.d. KStG gleichsetzen könnte.[187]

Ein BgA wird abgegrenzt zur eigentlichen hoheitlichen Aufgabe[188] und ist nach § 4 KStG als „eine [1] Einrichtung[189] [zu verstehen], die [2] einer nachhaltigen wirtschaftlichen Tätigkeit [3] zur Erzielung von Einnahmen [...] dient und die sich [4] innerhalb der Gesamtbetätigung

---

[184] Vgl. BENSINGER ET AL. (2007), S. 8.

[185] Vgl. Kap. 3, S. 21.

[186] Vgl. EUROPÄISCHE KOMMISSION (2007) Rnr. 269, 307, 311.

[187] Vgl. EUROPÄISCHE KOMMISSION (2007) vgl. Überschrift zu Rnr. 41; zu BgA´s vgl. auch EUROPÄISCHE KOMMISSION (2007), Rnr. 175.

[188] Hoheitliche Betätigungen dienen der Ausübung öffentlicher Gewalt und führen nicht zur Annahme eines BgA (§ 4 Abs. 5 KStG). Kennzeichnend für die Ausübung öffentlicher Gewalt ist die Erfüllung spezifisch öffentlich-rechtlicher Aufgaben (wie z.B. dem Rundfunkauftrag).

[189] Zu verstehen als nachhaltige und selbständige Tätigkeit, die sich als wettbewerbsrelevante Tätigkeit von den übrigen Aufgaben der jPdöR unterscheidet, vgl. KÜMPEL S. 32 f.

der juristischen Person wirtschaftlich heraushebt."[190] Mit dem BgA ist eine Einnahmeerzie-lungsabsicht (eine Gewinnerzielungsabsicht ist nicht notwendig) verbunden. Sollte die Erzielung von Einnahmen nur Nebenzweck einer überwiegend hoheitlichen Tätigkeit sein, so ist die Tätigkeit nicht einem BgA, sondern dem hoheitlichen Bereich zuzuordnen.[191]

Dies ist nicht ganz deckungsgleich mit der benötigten Aufteilung i.S.d. Beihilferechts, dessen Hintergrund die Verhinderung von Marktverzerrung durch staatliche Mittel ist. Das Beispiel der Rundfunkorchester, die die Rundfunkanstalten als Kulturträger unterhalten, macht dies deutlich. Der Kulturauftrag nach § 11 Abs. 1 S. 5 RStV kann so ausgelegt werden, dass der öffentlich-rechtliche Rundfunk nicht nur über Kultur berichten, sondern als Kulturträger auch kulturelle Ereignisse schaffen und anbieten muss.[192] Damit fällt auch die Konzertveranstaltung vor Ort unter § 11 RStV. Der Verkauf von Eintrittskarten lässt sich somit nicht von den hoheitlichen Aufgaben abtrennen. Die Einnahmeerzielung ist damit lediglich Nebenzweck bzw. fiskalische Randnutzung. Als Einnahmen aus gemeinnütziger Tätigkeit fallen sie unter die Steuerbefreiung gemäß § 52 Abs. 1 AO und sind nicht im Rahmen eines BgA zu versteuern.

I.S.d. Beihilferechts kann man aber sicherlich einen Markt für klassische Konzertveranstaltungen ausmachen, in dem öffentlich-rechtliche Rundfunkorchester nicht unwesentlicher Marktteilnehmer sind und im Wettbewerb mit anderen auch internationalen Orchestern stehen. Der Verkauf von Eintrittskarten für Konzerte kann daher beihilferechtlich als kommerzielle Tätigkeit angesehen werden. Für die Trennung zwischen gemeinwirtschaftlichen und kommerziellen Tätigkeiten ist das Vorliegen bzw. Nicht-Vorliegen eines BgA daher irrelevant. Allerdings könnten einzelne Tatbestandsmerkmale eines BgA auch für das Vorhandensein einer kommerziellen Tätigkeit sprechen.

4.1.2 Umsetzung in das deutsche Recht

Dies bestätigt § 16a RStV, der kommerzielle Tätigkeiten daran festmacht, dass Leistungen auch für Dritte im Wettbewerb angeboten werden. Die Einnahmeerzielung bei kulturellen Veranstaltungen scheint daher rundfunkrechtlich unter den Begriff der kommerziellen

---

[190] Die Finanzverwaltung indiziert ab einem Jahresumsatz von 30.678 EUR (über mehrere Jahre hinweg) bzw. bei einmaligen Einnahmen von mehr 130 TEUR wirtschaftliche Bedeutsamkeit; vgl. R 6 Abs. 5 S. 1 f. KStR 2004.
[191] Vgl., BStBl II 1997, 139.
[192] Vgl. HARTSTEIN ET AL. (2010), B5, Rnr. 15.

Tätigkeit zu subsumieren zu sein. § 16a RStV nennt beispielhaft und nicht abschließend Werbung, Sponsoring, Merchandising oder die Vermietung von Senderstandorten, die der öffentlich-rechtliche Rundfunk als kommerzielle Tätigkeit anbieten darf.[193]

Die amtliche Begründung zu § 16a RStV macht deutlich, dass diese Berechtigung vom Auftrag i.e.S. getrennt und als eigenständige Erlaubnis neben diesen gestellt wird.[194] Eine Bindung der Tätigkeit an den Anstaltszweck ist dabei zunächst nicht zu beachten. Unter der Vorgabe, wie ein privates Unternehmen zu agieren, umfasst die Erlaubnis sämtliche Aktivitäten.

HARTSTEIN ET AL. weisen in diesem Zusammenhang darauf hin, dass die gemeinnützigen[195] Aktivitäten der Rundfunkanstalten außerhalb der Ermächtigung in § 11 Abs. 1 S. 1 RStV nicht zwingend den kommerziellen Tätigkeiten zugeordnet werden brauchen, solange es sich um zulässige Randnutzungen im verfassungsrechtlichen Sinn handelt.[196] Der Wortlaut von Gesetz und Begründung könnte aber auch dahingehend verstanden werden, dass zumindest die Tätigkeit der Einnahmeerzielung bei gemeinnützigen Aktivitäten, wenn sie in ökonomischer Konkurrenz zu anderen Anbietern erzielt werden, organisatorisch zu trennen ist.

Letztendlich fehlt es an einer Definition entscheidender Kriterien zur endgültigen Einordnung als kommerzielle Tätigkeit. Die Definition liegt damit in erster Linie bei den Rundfunkanstalten, ihren Kontrollgremien und den Landesrechnungshöfen aufgrund ihrer Prüfungsrechte gemäß § 16d RStV.

4.1.3 Definition kommerzieller Tätigkeiten

HARTSTEIN ET AL. interpretieren die nicht sehr konkrete gesetzliche Definition der kommerziellen Tätigkeit als „auf Einnahmeerzielung gerichtete Tätigkeiten, für die Marktbedingungen gelten sollen"[197] Aus der strikten Trennung von gemeinwirtschaftlicher und kommerzieller

---

[193] Vgl. dazu auch EUROPÄISCHE KOMMISSION (2007), Rnr. 366.

[194] Dies genügt einer hinreichenden Trennung in den Augen der Kommission, vgl. EUROPÄISCHE KOMMISSION (2007), Rnr. 366.

[195] Eine jPdöR verfolgt Gemeinnützigkeit, „wenn die Tätigkeit darauf gerichtet ist, die Allgemeinheit auf materiellem, geistigem oder sittlichem Gebiet selbstlos zu fördern" (§ 52 Abs. 1 AO).

[196] So verweist § 16b Abs. 4 RStV für Beteiligungen an gemeinnützigen Rundfunkunternehmen, nur auf die Absätze 1 und 2 des Paragraphen, nicht aber auf die Zuordnung als kommerzielle Tätigkeit und zwingende Ausgliederung in § 16a RStV. Der Gesetzgeber hat diese Frage also bewusst offen gelassen zu haben und scheint gemeinnützige Tätigkeiten generell anders zu behandeln wollen, vgl. HARTSTEIN ET AL. (2010), B5, zu § 16a RStV, Rnr. 10.

[197] Vgl. HARTSTEIN ET AL. (2010) B5, zu § 16a RStV, Rnr. 8.

Tätigkeit erschließt sich die Bedeutung des Wettbewerbs in der gesetzlichen Definition des § 16a Abs. 1 S. 2 als ökonomischer Wettbewerb[198], in dem der Preismechanismus eine direkte Rolle spielt.

Aus den bisherigen Ausführungen in Kap. 4.1 sind folgende Kriterien abzuleiten, die auf eine kommerzielle Tätigkeit schließen lassen:

- Erbringung auf einem Markt im ökonomischen Sinn
- Einnahmeerzielungsabsicht (nicht nur Gewinnerzielungsabsicht)
- Wirtschaftliche Bedeutsamkeit für das Unternehmen
- Nachhaltigkeit der Tätigkeit.[199]
- Gemeinnützige Tätigkeiten, die unter den verfassungsrechtlichen Begriff der Randnutzung fallen können ggfs. davon ausgeschlossen werden.

Die steuerrechtliche Einordnung als BgA impliziert keine kommerzielle Tätigkeit im beihilfe- und damit im rundfunkrechtlichen Sinn. Sehr wohl können aber einzelne Merkmale für die Einordung als BgA auch für eine kommerzielle Tätigkeit im rundfunkrechtlichen Sinn sprechen. Liegt kein BgA vor, so wird es schwer sein, die kommerzielle Tätigkeit ex ante überhaupt zu erkennen und buchhalterisch zu erfassen.[200] Da die Einnahmegrenzen für die Einordnung als BgA aber gering sind, würde eine etwaige Quersubventionierung zu keiner Marktbeeinträchtigung führen.

4.2 Zulässigkeit kommerzieller Tätigkeiten

Die Einordnung sagt nichts über die rundfunkrechtliche Zulässigkeit der kommerziellen Tätigkeit aus. Zunächst sind nach § 16a RStV alle Tätigkeiten – unabhängig von der öffent-lich-rechtlichen Auftragsrelevanz – von der Erlaubnis umfasst, als kommerzielle Betätigun-gen unter Marktbedingungen von den Anstalten erbracht zu werden.[201] Voraussetzung ist gem. § 16a Abs. 2 RStV die Prüfung und Genehmigung durch die Gremien. Sollten die

---

[198] Dafür spricht auch die Bewertung der Zusagen von Deutschland durch die Kommission im Rahmen des Beihilfekompromisses, vgl. EUROPÄISCHE KOMMISSION (2007), Rnr. 366.
[199] Planmäßiges, auf Wiederholung angelegtes Handeln, Vornahme mehrerer gleichartiger Handlungen, Intensität und eigenes Geschäftslokal sprechen für das Vorliegen der Nachhaltigkeit.
[200] Vgl. HARTSTEIN ET AL. (2010) B5, zu § 16a RStV, Rnr. 13.
[201] „Unter Marktbedingungen" bedeutet, dass marktwirtschaftliche Grundsätze eingehalten werden, dazu zählen die getrennte Buchführung (vgl. 4.2.3.1), die Anwendung der Methode des Fremdvergleichs (arm's length principle, vgl. 4.3.1) und die Methode des marktwirtschaftlich handelnden Investors (vgl. 4.3.2), vgl. EUROPÄISCHE KOMMISSION (2007), Rnr. 375.

Tätigkeiten eine nicht nur geringe Marktrelevanz (gem. § 16a Abs.1 S. 5 RStV) besitzen, ist die kommerzielle Tätigkeit in eine Tochtergesellschaft auszulagern. Für Tochtergesellschaften bzw. Beteiligungen wird in § 16b Abs. 1 Ziff. 1 RStV der Sachzusammenhang der Beteiligung mit dem öffentlich-rechtlichen Auftrag vorgegeben. Dieser ist verfassungsrechtlich zu bestimmen. Zunächst soll aber auf das für eine verpflichtende gesellschaftsrechtliche Trennung wichtige Kriterium der Marktrelevanz eingegangen werden.

4.2.1 Marktrelevanz

Tätigkeiten mit geringer Marktrelevanz müssen gem. § 16a Abs. 1 S. 5 RStV nicht in Tochtergesellschaften ausgegliedert werden, eine buchhalterische Trennung reicht aus. Marktrelevanz könnte damit auch als Kriterium für das Vorliegen einer kommerziellen Tätigkeit angesehen werden.

Marktrelevanz i.e.S. setzt Spürbarkeit auf einem Markt voraus, d.h. die Tätigkeit müsste sich auf dem relevanten Markt erkennbar auswirken. Wie z.B. das Kartellrecht zur Bestimmung der Marktmacht nahe legt, könnte Marktrelevanz als relationale Kennzahl in Bezug zu einem hinreichend genau definierten Gesamtmarkt angegeben (z.B. Marktanteil) und entsprechend kritische Grenzen festgelegt werden. Analog zur „De-minimis-Verordnung" der Kommission würden Bagatellsachverhalte dann nicht als kommerzielle Tätigkeit gemäß § 16a Abs. 1 S. 2 angesehen werden. [202] Genau dies scheint der Gesetzgeber aber vermeiden zu wollen. Dafür spricht auch, dass in den ersten Entwürfen zum 12. RÄStV das Kriterium der Marktrelevanz als explizites Merkmal für das Vorliegen einer kommerziellen Tätigkeit vorgesehen war und dieses dann entfallen ist.[203]

Hinsichtlich der Ausgliederungsverpflichtung gemäß § 16a Abs. 1 S. 4 f. RStV finden sich in der amtlichen Begründung Tätigkeiten mit geringer Marktrelevanz beschrieben als „nur [...] geringfügige Tätigkeiten und Einnahmen." Als Beispiel nennt die amtliche Begründung die entgeltliche Überlassung von Mikrofonen bei zu übertragenden Veranstaltungen. [204] Dies zeigt, dass sich das Kriterium der geringen Marktrelevanz i.S.d. RStV alleine aus der Betätigung an sich und dem Einnahmeanteil dieser Tätigkeit an den Gesamteinnahmen der Rund-

---

[202] Vgl. dazu EUROPÄISCHE KOMMISSION (2001a), S. 13.
[203] Vgl. RUNDFUNKKOMMISSION DER LÄNDER (2008).
[204] Vgl. o.V. AMTLICHE BEGRÜNDUNG (2008), S. 20.

funkanstalt ableiten lässt. Marktrelationen zur Bestimmung geringer Marktrelevanz sind folglich nicht von Belang.[205]

Im Regelfall ist die kommerzielle Tätigkeit in eine rechtlich selbstständige Tochtergesellschaft auszulagern. Dies setzt die entsprechende Zusage aus dem Beihilfekompromiss um.[206] Somit sind regelmäßig die Vorgaben für Beteiligungen aus § 16b RStV für kommerzielle Tätigkeiten zu beachten.

4.2.2 Sachlicher Zusammenhang

An Unternehmen, die einen gewerblichen oder sonstigen wirtschaftlichen Zweck verfolgen, darf sich die Rundfunkanstalt nur beteiligen, wenn die Tätigkeit der Gesellschaft im sachlichen Zusammenhang mit den gesetzlichen Aufgaben der Rundfunkanstalt steht.[207] Der „sachliche Zusammenhang" setzt Vorgaben des Verfassungsrechts um, europarechtlich wäre er nicht nötig.[208] Es ist daher zu klären, welche Einschränkung mit dem Begriff „sachlicher Zusammenhang" in § 16b Abs. 1 S. 1 Ziff. 1 RStV zum Ausdruck gebracht werden soll.

4.2.2.1 Bezug zum Auftrag

Der geforderte sachliche Zusammenhang ist bei kommerziellen Tätigkeiten, die dem Bereich der fiskalischen Randnutzung zuzuordnen sind, zweifelsfrei gegeben, da auch hier verfassungsrechtlich ein Bezug zum Auftrag vorhanden ist.

Seit dem 12. RÄStV steht nun aber die gesetzliche Erlaubnis für kommerzielle Tätigkeiten eigenständig neben dem gesetzlichen Auftrag, sie ist von diesem getrennt. Setzte vor dem 12. RÄStV eine Tätigkeit, die eine relevante Erweiterung des gesetzlich definierten Funktionsbereichs der Anstalten zur Folge hatte, eine positive Entscheidung des Gesetzgebers voraus[209], so stellt sich nun die Frage, wann bzw. ob im Fall der Leistungserbringung durch die kommerzielle Tochtergesellschaft außerhalb des Funktionsbereichs eine zusätzliche Genehmigung durch den Gesetzgeber oder die Anstalt von Nöten ist.

---

[205] Getrennte Bücher sind trotzdem verpflichtend, vgl. § 16a Abs. 1 Satz 5, 2. HS.
[206] Vgl. EUROPÄISCHE KOMMISSION (2007), RNr. 343, 366. Bekanntestes Beispiel für kommerzielle Tochtergesellschaften sind die Werbegesellschaften der öffentlich-rechtlichen Anstalten, an denen die jeweilige Anstalt mit 100% beteiligt ist.
[207] Vgl. HARTSTEIN ET AL. (2010), B5, § 16b RStV, RNr. 6.
[208] Vgl. Ausführungen zur Eigentumsgarantie, Kap. 0, S. 21.
[209] Vgl. dazu Kap. 2.2.2.1.2.

§ 16b Abs. 1 Satz 1 RStV stellt dem Wortlaut nach nicht auf jede einzelne Tätigkeit, sondern auf eine Gesamtbetrachtung des Tätigkeitsfelds bzw. der Geschäftsfelder des Beteiligungsunternehmens ab. Die einzelnen Geschäftsfelder eines Beteiligungsunternehmens müssen einen sachlichen Zusammenhang mit dem durch § 11 Abs. 1 S. 1 RStV definierten Auftrag zum Ausdruck bringen. Mit der Abstellung auf den Begriff des Sachzusammenhangs vermeidet der Gesetzgeber – wie ursprünglich vorgesehen – den Begriff einer dem Auftrag dienenden Tätigkeit[210], so dass aus diesem Aspekt von einem schwächeren Auftragsbezug auszugehen ist.

§ 11 Abs. 1 S. 1 i.V.m. § 11a Abs. 1 RStV stellt die Herstellung und Verbreitung von Angeboten zur freien individuellen und öffentlichen Meinungsbildung durch Rundfunk und Telemedien als genuinen Auftrag dar. Der Sachzusammenhang kann daher dahingehend verstanden werden, dass die Beteiligungsgesellschaften – unabhängig vom Auftrag der individuellen und öffentlichen Meinungsbildung – nur in rundfunk- und telemediennahen Geschäftsfeldern tätig sein dürfen.[211] Eine Erweiterung der Tätigkeiten außerhalb rundfunk- und telemediennaher Geschäftsbereiche wäre nur analog einer öffentlich-rechtlichen Auftragserweiterung durch den Gesetzgeber möglich. Neue Geschäftsfelder innerhalb der zulässigen Bereiche sind durch die Aufsichtsgremien der Anstalt zu genehmigen.

Weitere Grenzen ergeben sich gemäß der Ausführungen in Kap. 0 aus verfassungsrechtlichen Gründen.

4.2.2.2 Verwendung von Gebührenmitteln

Aus der Konnexität zwischen Gebührenerhebung und –verwendung ergibt sich ein funktional-dienender Zusammenhang zum Auftrag.[212] Werden Gebührengelder bei der Erfüllung der kommerziellen Tätigkeit bspw. durch finanzielle Einlagen in ein kommerzielles Tochterunternehmen genutzt, so müssen die daraus finanzierten Tätigkeiten einen funktional-dienenden Zusammenhang zum Auftrag erkennen lassen.

Dabei sind die verfassungsrechtlich geschützten Ziele der Gebührenzahler zu beachten. Die Grundsätze von Wirtschaftlichkeit und Sparsamkeit verlangen, dass vorhandene Ressourcen genutzt werden, um die Gebührenlast zu minimieren. Daraus folgt zum einen, dass freie

---

[210] So war es noch im Entwurf zum 12. RÄStV vom 28.03.2008 definiert, vgl. RUNDFUNKKOMMISSION DER LÄNDER (2008).
[211] Dafür sprechen auch die Beispiele aus § 16a Abs. 1 RStV: Werbung, Sponsoring, Verwertungsaktivitäten, Merchandising, Produktion für Dritte und die Vermietung von Senderstandorten.
[212] Vgl. Kap. 2.3.2.1

Kapazitäten gewinnbringend eingesetzt werden sollten und zum anderen, dass Gebührengelder, die außerhalb der Auftragsumsetzung genutzt werden, eine marktübliche Verzinsung gewährleisten müssen. Generell sollten zumindest die in der kommerziellen Beteiligung eingesetzten Gebühren plus eine marktübliche Verzinsung dem jeweiligen Gebührenzahler in einer Gebührenperiode zu Gute kommen. Das bedeutet, dass in diesem Umfang ein funktional-dienender Auftragszusammenhang der eingesetzten Gebühren gewährleistet werden muss.

Kann durch eine hinreichend genaue Leistungsverrechnung und durch Ausschluss von Haftungsübernahmen[213] sichergestellt werden, dass keine Gebührengelder für die kommerzielle Tätigkeit genutzt werden, so verliert auch der funktional-dienende Auftragsbezug an Bedeutung. Kommerziellen Töchtern, die gewährleisten und nachweisen können, dass sie keine Gebührengelder für eine kommerzielle Tätigkeit nutzen, stehen so auch Tätigkeitsfelder ohne funktional-dienenden Auftragsbezug offen. Die Eröffnung solcher Geschäftsfelder ist aber nur vorbehaltlich der Genehmigung durch die zuständigen Anstaltsgremien gem. § 16a Abs. 2 RStV möglich. Diese haben insbesondere auf ein eventuelles Gefährdungspotenzial der hoheitlichen Aufgabenerfüllung durch die kommerzielle Tätigkeit zu achten.

4.2.2.3 Gefährdung der Aufgabenerfüllung

Die kommerzielle Beteiligung darf nicht nur die Finanzierung der hoheitlichen Aufgabe nicht gefährden, insbesondere ist aus dem Begriff des sachlichen Zusammenhangs auch zu schließen, dass die Auftragserfüllung auch aufgrund der Art und Weise der Tätigkeitserfüllung nicht gefährdet werden darf. Dies wäre der Fall, wenn die Art der Tätigkeit Rückwirkungen auf die Programmgestaltung hätte, Sendungen beispielsweise so platziert würden, dass sie kommerziellen Tätigkeiten einen Vorteil verschaffen oder Merchandising-Artikel gezielt gepusht würden. Die wirtschaftliche Verwertung darf bei der Programmentscheidung keine Rolle spielen.[214]

4.2.2.4 Zwischenfazit Sachzusammenhang

Der Sachzusammenhang ist *tätigkeitsbezogen* mit dem Angebot gemäß § 11a RStV verknüpft. Dies führt zu einem generellen Ausschluss kommerzieller Geschäftsbereiche, die klar außerhalb der Produktion und Erbringung von Hörfunk, Fernsehen und Telemedien anzusie-

---

[213] Mögliche finanzielle Verluste kommerzieller Beteiligungen führen aufgrund § 16e RStV nicht mehr zur zwingenden Haftungsübernahme durch die Rundfunkanstalt. Diese Haftungsübernahme war vor dem 12. RÄStV regelmäßig aufgrund vorliegender EAV's gegeben.
[214] Vgl. BVerfGE 83, 238, 306; BVerfG 1 BvR 341/93.

deln sind. Aus der Konnexität zwischen Gebührenerhebung und -verwendung ergibt sich außerdem eine *funktional dienende* Komponente des Sachzusammenhangs. Die dienende Komponente verliert an Bedeutung, wenn keine Gebührengelder eingesetzt werden.

Des Weiteren darf die Auftragserfüllung nicht durch die Art und Weise der kommerziellen Tätigkeit behindert oder gefährdet werden. Aufgabenerfüllung und kommerzielle Tätigkeit müssen über einen rein finanziellen Anknüpfungspunkt hinaus miteinander verknüpft sein. Kommerz- und Auftragslogik dürfen nicht vermischt werden.[215]

4.2.3 Verhinderung von Quersubventionierung

Die Kommission stellt im Beihilfekompromiss klar, dass die Rundfunkanstalten in ihren Augen Unternehmen sind, die mit Dienstleistungen von allgemeinem wirtschaftlichen Interesse betraut sind (Art. 106 Abs. 2 AEUV) und die dafür staatliche Beihilfen erhalten. Da sie in verschiedenen – auch kommerziellen – Geschäftsbereichen tätig sind, sollen die Anstalten auch die Vorgaben der Transparenzrichtlinie zu beachten haben.[216] Die Verhältnismäßigkeitsprüfung nach Art. 106 Abs. 2 AEUV durch die Kommission umfasst daher die Gesichtspunkte „(1) getrennte Buchführung [d.h. hinreichende Transparenz], (2) Kontrolle der Beschränkung der Finanzierung auf die Nettokosten des öffentlichen Auftrags und (3) die Prüfung möglicher Wettbewerbsverfälschungen, die nicht durch die Erfüllung des öffentlich-rechtlichen Auftrags bedingt sind"[217] und somit die Folge von direkter und indirekter Quersubventionierung wären.

4.2.3.1 Transparenzerfordernisse

Voraussetzung für die Umsetzung der Transparenz-RL in einem Unternehmen ist, dass die Beauftragung nicht aufgrund einer Ausschreibung erfolgt und dass das beauftragte Unternehmen in mehreren auch kommerziellen Geschäftsbereichen tätig ist. Die Richtlinie verlangt, dass durch eine getrennte Rechnungslegung eindeutig zwischen Tätigkeiten innerhalb und außerhalb der gemeinwirtschaftlichen Beauftragung getrennt und so Transparenz hergestellt werden kann.[218] Eine nur duale Unterscheidung nach Dienstleistungen innerhalb und außer-

---

[215] Vgl. dazu auch SCHULZ ET AL. (2009), S. 37.
[216] Vgl. EUROPÄISCHE KOMMISSION (2007), Rnr. 263, 314.
[217] Vgl. EUROPÄISCHE KOMMISSION (2007), Rnr. 263
[218] Vgl. EUROPÄISCHE KOMMISSION (2006), Erwägungsgrund 7, 14 f.

halb der gemeinwirtschaftlichen Beauftragung ist dazu nicht ausreichend. Die Bücher haben unter Angabe der Verrechnungsmethode die einzelnen verschiedenen Geschäftsbereiche außerhalb der Beauftragung nach Kosten und Erlösen korrekt zu trennen.[219] Dem entsprach die Bundesregierung durch die Zusage, die kommerziellen Tätigkeiten i.d.r. durch eigenständige rechtlich selbständige Tochtergesellschaften zu erbringen[220] bzw. kommerzielle Tätigkeiten geringen Umfangs zumindest durch gesonderte Rechnungslegung zu trennen.[221] Eine Trennung der Bücher nach Geschäftsfeldern in den kommerziellen Tochtergesellschaften wird von der Kommission aber nicht explizit verlangt. Allerdings ist dies Grundlage für ein unter Marktbedingungen erfolgreich agierendes Unternehmen, so dass die Tochtergesellschaften diese Trennung schon aus betriebswirtschaftlichen Gründen vorsehen sollten.

Bereits in der Rundfunkmitteilung von 2001 – die dem Beihilfekompromiss zu Grunde liegt – hat die Kommission dargelegt, dass im Bereich des Rundfunks eine sachgerechte Trennung der Kosten und damit eine klare Kostenzuordnung nicht immer möglich sei.[222] Kosten, die sowohl dem hoheitlichen wie dem kommerziellen Bereich zuzuordnen sind, sind gemäß des jeweiligen Anteils verhältnismäßig aufzuteilen. Sollte dies nicht in „aussagekräftiger Art und Weise" möglich sein, kann die Anstalt von der Hypothese ausgehen, welche Kosten entstanden wären, wenn die kommerzielle Tätigkeit nicht ausgeführt worden wäre (dies entspricht einer Grenzkostenbetrachtung). Diese Kosten kann sie in voller Höhe dem hoheitlichen Bereich zurechnen.[223] Die Gefahr der Quersubventionierung schließt die Kommission in diesem Fall dadurch aus, dass die Gebühren nach dem Nettokostenprinzip[224] berechnet, die Einnahmen aus dem kommerziellen Bereich also vollständig angerechnet werden.

Die Umsetzung dieser Erfordernisse finden sich in § 16a RStV normiert, der bestimmt, dass kommerzielle Tätigkeiten i.d.R. durch rechtlich selbstständige kommerzielle Töchter vorzunehmen sind oder in Fällen geringer Marktrelevanz durch eine separate Buchführung zu

---

[219] Vgl. Art. 1 Abs. 2 lit. a) i.V.m. Art. 2 Abs. 1 lit. e) EUROPÄISCHE KOMMISSION (2006). Art. 4 der RL verlangt, dass alle Kosten und Erlöse auf Grundlage einheitlich angewandter und objektiv gerechtfertigter Kostenrechnungsgrundsätze korrekt zugeordnet und die Kostenrechnungsgrundsätze eindeutig bestimmt werden.

[220] Dies entspricht auch in den Augen der Kommission der geforderten Trennung durch getrennte Rechnungskreise, vgl. EUROPÄISCHE KOMMISSION (2007), Rnr. 366.

[221] Vgl. EUROPÄISCHE KOMMISSION (2007), Rnr. 342.

[222] Vgl. EUROPÄISCHE KOMMISSION (2001b), Rnr. 55. Bei der Einnahmeseite stellt sie eine mögliche Trennung realistischerweise nicht in Frage, vgl. EUROPÄISCHE KOMMISSION (2001b), Rnr. 56 , vgl. auch EUROPÄISCHE KOMMISSION (2007), Rnr. 172.

[223] Vgl. EUROPÄISCHE KOMMISSION (2009), Rnr. 66 f. Bei der Zurechnung der Kosten auf die kommerzielle Tätigkeit bleiben die Kosten unberücksichtigt, die ohnehin anfallen, wenn die Rundfunkanstalt die kommerzielle Tätigkeit nicht unternähme, vgl. HARTSTEIN ET AL. (2010), B5, zu § 16a RStV, Rnr. 18.

[224] Siehe dazu 4.2.3.2.

trennen sind. Bei Aufnahme einer kommerziellen Tätigkeit haben die zuständigen Gremien dies zu prüfen.[225]

4.2.3.2 Nettokostenprinzip

Unternehmen, die mit gemeinwirtschaftlichen Aufgaben betraut sind, benötigen i.d.R. eine staatliche Finanzierung, da die entsprechenden Tätigkeiten in dieser Form nicht über den Markt erbracht werden. Die staatliche Finanzierung darf nicht zu einer Überkompensation der öffentlich-rechtlichen Aufgabe führen. Daher prüft die Kommission im Rahmen der Verhältnismäßigkeitsprüfung, ob bei der Gebührenfestsetzung nur die Nettokosten des Auftrags angesetzt worden sind. Dies bedeutet, dass bei der Gebührenermittlung die sonstigen (kommerziellen) Einnahmen, d.h. genauer die Nettogewinne aller kommerziellen Tätigkeiten, die mit dem Auftrag in Verbindung stehen, angerechnet worden sind.[226]

Hinsichtlich der Überkompensierung präzisiert die Kommission in der neuen Rundfunkmitteilung, dass die öffentlich-rechtlichen Rundfunkanstalten als nicht gewinnorientierte Unternehmen keinen „Eigenkapitalrenditesatz" als angemessenen Gewinn ansetzen dürfen. [227] Allerdings hat die Kommission schon im Beihilfekompromiss dargestellt und mit der neuen Rundfunkmitteilung bestätigt, dass 10 % des jährlichen Gebührenaufkommens für unvorhergesehene Mehrkosten oder Mindereinnahmen zurückgestellt werden können.[228] Deutschland sagte im Kompromiss zu, weitergehende Überschüsse zum Ende einer Gebührenperiode vom Finanzbedarf der Rundfunkanstalten in der nächsten Gebührenperiode abzuziehen.[229] Dies setzt § 1 Abs. 4 RFinStV um, in dem festgelegt wird, dass alle Überschüsse verzinslich anzulegen und Überschüsse, die 10% des jährlichen Gebühreneinkommens übersteigen, als Rücklage zu bilden sind.

Die in der amtlichen Begründung zu § 1 Abs. 4 RFinStV verwendete Formulierung des Gesetzgebers, dass alle „festgestellten Überschüsse [...] für die folgende Gebührenperiode

---

[225] Vgl. § 16a Abs. 2 RStV.
[226] Vgl. EUROPÄISCHE KOMMISSION (2001b), Rnr. 57, EUROPÄISCHE KOMMISSION (2009), Rnr. 71.
[227] Vgl. EUROPÄISCHE KOMMISSION (2009), Rnr. 72, dies begründet die Kommission damit, dass eine „faire Kapitalrendite" nur unter Berücksichtigung eines Risikos begründet werden kann, das bei den öffentlich-rechtlichen Rundfunkanstalten nicht vorliegt.
[228] Sollte es sich um systemimmanente Überschüsse handeln, so ist auch eine 10% übersteigende Überkompensierung möglich. D.h. Kosten, die planmäßig erst in einer späteren Phase der Gebührenperiode anfallen, können auch mit einem Anteil über 10% des jährlichen Gebühreneinkommens innerhalb der Periode thesauriert werden. Zumindest eine über die Gebührenperiode hinaus gehende Überschreitung der 10% - Regel ist befristet und gesondert zu begründen, vgl. EUROPÄISCHE KOMMISSION (2007), RNr. 385 EUROPÄISCHE KOMMISSION (2009), Rnr. 73.
[229] Vgl. Europäische Kommission 24.04.2007 #60}, Rnr. 386.

[…] vollständig in Abzug gebracht werden müssen, ist in Anbetracht von Beihilfekompromiss und neuer Rundfunkmitteilung dahin gehend zu verstehen, dass die gemäß § 1 Abs. 4 RFinStV gebildeten Rücklagen auf den Gebührenbedarf der nächsten Periode angerechnet werden müssen, die Anstalt aber eine davon unabhängige – nicht als Überkompensierung anzusehende – Eigenkapitalquote von 10% des jährlichen Gebührenaufkommens aufbauen darf, um Finanzierungsschwankungen ausgleichen zu können.[230]

Es stellt sich aber die Frage, in welcher Höhe die kommerziellen Einnahmen auf den Gebührenbedarf angerechnet werden müssen, d.h. wie die Nettogewinne[231] der kommerziellen Töchterunternehmen zu berechnen sind. Fraglich ist in diesem Zusammenhang, wie mit Einnahmen der Tochtergesellschaften umzugehen ist, die in keinem direkten Zusammenhang zum Auftrag stehen, wie z.B. die der Werbezeitenvermarktung privater Sender.[232]

Werden keine öffentlich-rechtlichen Ressourcen für die Leistungserstellung genutzt, so scheinen die daraus erzielten Einnahmen beihilferechtlich nicht bei der Gebührenfestsetzung angerechnet werden zu müssen. Besonders aus Gründen der rundfunkrechtlich bedingten Wirtschaftlichkeit und Sparsamkeit scheint es allerdings ratsam zu sein, dass die Anstalten über ihren Einfluss gemäß § 16b Abs. 2 RStV darauf hinwirken, dass alle legitimen Einnahmemöglichkeiten genutzt und auch die Nettogewinne außerhalb der Verwertung des öffentlich-rechtlichen Auftrags an die Mutter abgeführt werden.

Grenzen ergeben sich bei der Gewinnermittlung der Tochtergesellschaften. Außer den Vorgaben der Gewährleistung einer angemessenen Verzinsung der eingesetzten Gebührenmittel findet sich kein Hinweis auf das Vorgehen zur Nettogewinnermittlung der Tochtergesellschaften. Die Kommission und der Gesetzgeber scheinen davon auszugehen, dass ein handels- bzw. steuerrechtlich[233] ermittelter Jahresüberschuss dem angemessenen Nettogewinn bzw. den – durch die Tochtergesellschaften erzielten - anrechenbaren Nettoeinnahmen entsprechen wird.[234]

---

[230] Insbesondere die Zusage der Bundesregierung im Beihilfekompromiss konnte auch dahingehend verstanden werden, dass die festgestellten Überschüsse ohne Berücksichtigung der 10 %-Grenze oder irgendwelcher Rückstellungen für zukünftige Projekte auf den Bedarf für die nächste Gebührenperiode angerechnet werden musste, vgl. EUROPÄISCHE KOMMISSION (2007), Rnr. 386, vgl. dazu auch BENSINGER ET AL. (2007), S. 21.

[231] In der neuen Rundfunkmitteilung wird klargestellt, dass die anzurechnenden Einnahmen aus kommerzieller Tätigkeit die entsprechenden Nettogewinne der Töchter darstellen, vgl. EUROPÄISCHE KOMMISSION (2009), Rnr. 71.

[232] Die AS&S-Radio vermarktet neben den Werbezeiten öffentlich-rechtlicher Sender auch die Werbezeiten privater Programme. Konnte die Werbezeitenvermarktung für private Dritte rundfunkrechtlich vor dem 12. RÄStV als problematisch angesehen werden, so fällt sie seit dem 12. RÄStV unter die Erlaubnis zur Durchführung kommerzieller Tätigkeiten in § 16a RStV.

[233] Zu den Problemen in diesem Fall siehe Kap. 4.5.

[234] Vgl. dazu Problematik der steuerrechtlichen Regulierung beim Werbezeitenverkauf, Kap. 4.6.

Für einen möglichst gleichberechtigten Wettbewerb auf den ökonomischen Märkten müssen die kommerziellen Tochtergesellschaften die Möglichkeit haben, einen marktüblich hinreichenden Eigenkapitalstock aufbauen zu können. Bei der Gewinnthesaurierung sollten sie aber durch [1] die Vorgaben einer angemessenen Verzinsung der eingesetzten Gebührenmittel[235], [2] die oben angesprochene 10% -Regelung und [3] die übliche Eigenkapitalausstattung privater Wettbewerber auf dem relevanten Markt eingeschränkt sein. Dies sollte bei der Anrechnung der kommerziellen Nettoeinnahmen auf den Gebührenbedarf beachtet werden. Dabei darf auf der anderen Seite aber nicht vergessen werden, dass die kommerziellen Töchter für sich den Anreiz haben, einen möglichst großen Anteil ihrer Gewinne zu thesaurieren, um so ihre Unabhängigkeit zu stärken. Die Aufsichtsgremien haben sich dem bewusst zu sein.

4.3 Marktkonformität

Um sicherzustellen, dass die kommerzielle Tätigkeit nicht von Gebühren unmittelbar bzw. mittelbar profitiert und damit Möglichkeiten der Marktverzerrung eröffnet werden, verlangt der Gesetzgeber in § 16a Abs. 1 S. 6 aufgrund des Drängens der Kommission[236], „dass sich die Rundfunkanstalten auch im Verhältnis zu ihren kommerziell tätigen Tochterunternehmen" marktkonform zu verhalten"[237], also unter Marktbedingungen zu handeln haben. Scheinbar ist sich der Gesetzgeber allerdings unschlüssig, ob alleine das marktkonforme Verhalten der Mutter gegenüber der Tochter ausreicht, um die Möglichkeit der Marktverzerrung auszuschließen bzw. ob Marktkonformität innerhalb des Anstaltsverbunds überhaupt hergestellt werden kann. In der amtlichen Begründung präzisiert er daher die Vorgabe eines marktkonformen Verhaltens zwischen Mutter und Tochter mit der zusätzlichen Vorgabe, dass sich auch die kommerzielle Tochtergesellschaft selbst am Markt marktkonform verhalten muss, um Wettbewerbsverzerrung sicher auszuschließen.[238]

Marktkonformität definiert die amtliche Begründung zum 12. RÄStV als Einhaltung von „Bedingungen [...], die am Markt gelten (arms length principle)[239] [...]. Leistungen gegenüber der Tochter müssen zu Marktpreisen zur Verfügung [gestellt] und Entgelte an die

---

[235] Siehe dazu Kap. 4.3.2.
[236] Vgl. EUROPÄISCHE KOMMISSION (2007), Rnr. 318.
[237] O.V. AMTLICHE BEGRÜNDUNG (2008), S. 20.
[238] Vgl. O.V. AMTLICHE BEGRÜNDUNG (2008), S. 20. Dies setzt die europäische Vorgabe der Einhaltung von Marktprinzipien um.
[239] Umsetzung von Rnr. 345 EUROPÄISCHE KOMMISSION (2007)

Tochterunternehmen für Leistungen zu Marktpreisen" gezahlt werden. [240] Als weiteres Merkmal für marktkonformes Verhalten wird im Beihilfekompromiss auch der Grundsatz des marktwirtschaftlich handelnden Investors im Hinblick auf die Investitions-/Beteiligungsentscheidungen angesprochen (private investor test), der von den Rundfunkanstalten in Selbstverpflichtungen auszuformen ist. [241]

4.3.1 Arm´s length principle

Vom „arm´s-length-principle" wird gesprochen, wenn in einem Unternehmensverbund die Verrechnungspreise in der Höhe und zu den Bedingungen festgesetzt sind, wie dieselben Güter zwischen fremden, voneinander unabhängigen Unternehmen gehandelt werden würden. [242] Dies bezeichnet man auch als Fremdvergleichsgrundsatz. Die Beziehung zwischen der Rundfunkanstalt und der kommerziellen Tochter muss so ausgestaltet sein, dass der kommerzielle Markt geschützt und von einer Beeinflussung durch Gebührengelder freigehalten wird. So darf z.B. Programmmaterial nur zu Marktpreisen an die Tochter weitergegeben werden. Der Verrechnungspreis ermittelt sich durch eine Bewertung der drei Determinanten Preis, Qualität und Wettbewerbsfähigkeit. [243]

In Deutschland kann man sich hinsichtlich des „arm´s-length-principle" an § 1 Abs. 1 AStG orientieren, der steuerliche Korrekturen verlangt, wenn verbundene Steuersubjekte Geschäftsvorfälle miteinander vereinbaren, die so nicht mit einem fremden Dritten zustande gekommen wären. Zur Festlegung geeigneter Verrechnungspreise empfiehlt das AStG folgende Techniken:

- *Preisvergleichsmethode*

  Ist ein Gut auch außerhalb des betrachteten Unternehmensverbundes gehandelt, so ist der externe Vergleichspreis der beste Maßstab für den internen Verrechnungspreis. Gemäß § 1 Abs. 3 AStG ist die Vergleichspreismethode im Steuerrecht vorrangig anzuwenden. Sollte kein Preis zwischen externen Dritten ermittelt werden können (wahrscheinlicher bei sehr spezifischen Gütern), können auch Preise für vergleichbare Güter, die ein Konzernteil mit externen Dritten erzielt hat, als Vergleichsmaßstab herangezogen werden.

---

[240] o.V. AMTLICHE BEGRÜNDUNG (2008), S. 20, vgl. dazu auch IDW (2008), Rnr. 10.

[241] Vgl. EUROPÄISCHE KOMMISSION (2007), Rnr. 342, 345.

[242] Der Begriff wurde aus dem angelsächsischen Begriff „to keep someone at arm´s length" abgeleitet, der es umschreibt jemanden von sich selbst fernzuhalten und unabhängig zu bleiben, vgl. dazu WEICHENRIEDER (1995), S. 144-145.

[243] Vgl. HARTSTEIN ET AL. (2010), B5, zu § 16a, Rnr. 20.

- *Wiederverkaufspreismethode*

  Wird ein Gut, das zwischen zwei verbundenen Unternehmen gehandelt wird, vom erwerbenden Unternehmen weiterveräußert, so stellt der Weiterveräußerungspreis eine Obergrenz für den Arm´s-length-Preis dar.[244]

- *Kostenaufschlagsmethode*

  Stehen keine Vergleichspreise zur Verfügung, so kann der Preis mittels einer Kostenaufschlagskalkulation bestimmt werden. Kosten plus Gewinnaufschlag werden vom verkaufenden Unternehmen in Rechnung gestellt.

Werden sehr spezielle Güter ausgetauscht und erweist sich auch die Kostenaufschlagsmethode als untauglich, schlägt die OECD, auf die das „arm´s length principle" zurückgeht, gewinnorientierte Möglichkeiten vor. Sie empfiehlt diese aber nicht.[245]

Generell handelt es sich beim Leistungsaustausch von Rundfunkprodukten um spezielle Produkte, bei denen nicht zwingend (funktionierende) Märkte vorhanden sind. Die Märkte zeichnen sie sich oft durch einen Duo- bzw. Oligopolcharakter[246] aus.

Dementsprechend wird es in vielen Fällen schwierig sein, sachgerechte Verrechnungspreise über einen Fremdvergleich zu ermitteln. Eine interne Ermittlung ist auch problematisch. Verrechnungspreise werden anders ausfallen, wenn man bei der Ermittlung zum einen die möglichst effiziente Gebührenverwendung in den Vordergrund rückt,[247] oder zum anderen – wichtig aus beihilferechtlicher Sicht – den Einfluss von Gebührengeldern auf ökonomischen Märkten ausschließen und wettbewerbsgerechtes Verhalten fördern will.[248]

4.3.2 Private Investor test

Bei Investitionsentscheidungen, also Leistungen für ein Beteiligungsunternehmen ohne direkte Gegenleistungsverpflichtung (z.B. Eigenkapitaleinlage), haben die Anstalten darauf zu achten, dass sie wie ein marktwirtschaftlicher Investor handeln. In ihren Entscheidungen können die

---

[244] Dahinter steckt die Auffassung, dass ein unabhängiges Unternehmen nie Ware zu einem teureren Preis ankaufen würde, als den Preis, den es im Verkauf wieder erzielen könnte.

[245] Vgl. WEICHENRIEDER (1995), S. 144-145. Weitere Methoden sind die Gewinnaufteilungs- und Gewinnvergleichsmethode. Diese sind für das weitere Vorgehen nicht von Belang.

[246] Der Werbemarkt zeichnet sich bei der Vermarktung von Werbezeiten als bilaterales Oligopol aus. Wenigen Werbezeitenvermarktern (z. B. im TV hauptsächlich IP und SevenOne-Media) stehen vier Mediaagenturkonglomerate gegenüber, die die Nachfrage der Werbetreibenden bündeln.

[247] Dies entspricht den Grundsätzen der Wirtschaftlichkeit und Sparsamkeit.

[248] Vgl. dazu weiter unter Kap. 4.3.3.2.2.

Anstalten von einem Investor ausgehen, der eine längerfristig orientierte sektorale Strukturpolitik erfolgt (long-term-investor-Maßstab). [249] Dabei werden sie, so sagte es Deutschland im Beihilfekompromiss zu, von der Finanzaufsicht (KEF und den LRH´s) überwacht.[250]

Der Private-Investor-Test hat gem. EuGH-Rechtsprechung eine ex ante durchgeführte Renditeberechnung unter Einbezug relevanter objektiver Faktoren vorzunehmen. [251] Diese Renditeberechnung ist im Rahmen der Tätigkeitsbeschreibung gem. § 16a Abs. 2 RStV durchzuführen, die vor Aufnahme der jeweiligen Tätigkeit von den Gremien der Anstalt zu genehmigen ist. [252] Eine reine Kapitalerhöhung ohne Erweiterung der Tätigkeitsbereiche wäre nach den jeweiligen Anstaltsgesetzen durch die Gremien im Rahmen der Genehmigung des Haushaltsplans [253] bzw. Überwachung der Geschäftsführung durch den Intendanten zu billigen.[254] Die Gremien sollten daher aus beihilferechtlichen Gründen verlangen, dass die Renditeerwartung unter dem Aspekt der Wirtschaftlichkeit wie in § 16a Abs. 2 Ziff. 1 RStV dargelegt werden muss.

Ex post erfolgt eine Überprüfung des Handelns als privater Investor durch die Abschlussprüfer (vgl. dazu Kap. 4.3.3.1 Fragenkreis 3). Die Prüfer sehen den Test i.d.R. als bestanden an, wenn die Leistung wirtschaftlich i.S. üblicher marktwirtschaftlicher Grundsätze begründet werden kann.[255]

Im Gegensatz zum EuGH verfolgt die Kommission im verarbeitenden Bereich eine etwas andere Praxis. Sie erwartet einen ex ante aufgestellten Geschäftsplan, der auch eine subjektive, einem privaten Wirtschaftssubjekt ähnliche Motivation zur zu Verfügungstellung der Finanzmittel enthält.[256] Alleine das Fehlen eines solchen Geschäftsplans sieht die Kommission in der derzeitigen Praxis als abschließendes Indiz dafür an, dass sich das öffentliche Unternehmen nicht wie ein Privatinvestor verhielt.[257]

Ein in die Marktkonformitätsprüfung einbezogener, dokumentierter, nach oben genannten Grundsätzen aufgestellter Geschäftsplan könnte von daher von Nutzen im Fall einer späteren

---

[249] Vgl. CREMER (2007), Rnr. 10.
[250] Vgl. EUROPÄISCHE KOMMISSION (2007), Rnr. 342.
[251] Vgl. EuGH, C-482/99, Slg. 2002, I-4397, Rdnr. 71.
[252] Gem. § 16a Abs. 2 Ziff. 1 RStV.
[253] Vgl. beispielhaft § 9 Ziff. 3 i.V.m. § 15 Ziff. 3 HRG.
[254] Vgl. beispielhaft § 16 Abs. 2b HRG i.V.m. § 14 Ziff. 1b hr-Satzung, aus denen abgeleitet werden kann, dass eine Einlage über 100 TEUR vom Verwaltungsrat zu genehmigen ist.
[255] Vgl. IDW (2008), Rnr. 11.
[256] Vgl. EUROPÄISCHE KOMMISSION (1993), Rnr. 31.
[257] Vgl. GIESBERTS ET AL. (2009), S. 487.

beihilferechtlichen Auseinandersetzung mit der Kommission sein. Dies gilt besonders, wenn man bedenkt, dass auch die EuGH-Rechtsprechung der Kommission bei der ökonomischen Beurteilung einer vom Staat gewährten Leistung einen weiten Beurteilungsspielraum einräumt.[258]

4.3.3 Prüfung der Marktkonformität

Die Einhaltung der Marktbedingungen für „kommerzielle Leistungsaustauschbeziehungen" im Anstaltsverbund und das Agieren kommerzieller Beteiligungen analog privater, nicht subventionierter Unternehmen ist zu überprüfen.[259]

Dazu haben die LRH's gemäß § 16d Abs. 1 S. 2 Fragestellungen festzulegen, die im Rahmen der Abschlussprüfung durch die Wirtschaftsprüfer geprüft werden.[260]

Mit den Vertretern der Landesrechnungshöfe und den Wirtschaftsprüfern haben sich die Anstalten zudem darauf verständigt, den Fragenkatalog zur Objektivierung, Quantifizierung und Verbesserung der Effizienz um eine sog. Verrechnungspreisrichtlinie zu erweitern, die als zusätzliche Grundlage für die Prüfungen dienen soll. Die Wirtschaftsprüfer testieren die Konformitätsprüfung zusätzlich zur Abschlussprüfung und leiten das Ergebnis und den Prüfbericht gem. § 16d Abs. 1 S.5 f. den zuständigen LRH's zu.

4.3.3.1 IDW-Prüfungsstandard 721

Die Grundlage für die Marktkonformitätsprüfung durch die Wirtschaftsprüfer stellt der IDW-Prüfungsstandard 721 dar, der aufgrund der Vorgaben des RStV entwickelt worden ist. Er enthält auch die von den LRH's festgelegten Fragestellungen gemäß § 16d Abs. 1 S. 2 f. RStV.

Der Prüfungsstandard sieht vor, dass nur Leistungsaustauschbeziehungen innerhalb des öffentlich-rechtlichen Unternehmensverbunds geprüft werden.[261] Beteiligungsunternehmen werden immer vollständig in ihren kommerziellen und nicht-kommerziellen Bereichen

---

[258] Vgl. EHRIKE (2007), Rnr. 49. Generell herrscht über die Anforderungen des „Private Investor Tests" große Rechtsunsicherheit. Der Test findet sich weder nach Verfahren noch Methode normiert. Der Grund dafür liegt in der kaufmännischen Betrachtungsweise.

[259] Vgl. EUROPÄISCHE KOMMISSION (2007), Rnr. 342, 383.

[260] In Umsetzung von RNr. 348 EUROPÄISCHE KOMMISSION (2007). Der Auftrag ist um die Prüfung der Marktkonformität nach § 16d Abs. 1 S. 2 RStV entsprechend zu erweitern.

[261] Auch die Überprüfung zweier rein kommerzieller Beteiligungsunternehmen erscheint schlüssig, da Marktkonformität i.S.d. RStV, wie bereits dargelegt, nicht bedeuten muss, dass alle Kosten verrechnet werden. Ein Beteiligungsunternehmen kann somit auch bei marktkonformem Vorgehen i.S.d. RStV niedrigere Kosten aufweisen und so dieses Potenzial zur Quersubventionierung eines weiteren kommerziellen Beteiligungsunternehmens nutzen. Anders HARTSTEIN ET AL. (2010), B5, zu § 16a RStV, Rnr. 29, die diese Prüfung i.S.d. RStV für nicht nötig ansehen.

geprüft, sobald mindestens eine Leistungsaustauschbeziehung mit einem weiteren Beteiligungsunternehmen vorliegt, das seinerseits auch kommerzielle Tätigkeiten anbietet.[262] Eine Marktkonformitätsprüfung zwischen Beteiligungsunternehmen und fremden Dritten findet nur statt, wenn dies für die Überprüfung im öffentlich-rechtlichen Verbund sachdienlich ist.[263]

Die Prüfung findet primär im kommerziellen Tochterunternehmen statt. Dazu ist die Prüfung gemäß der Satzungs- bzw. Gesellschaftsvertragsänderung vom entsprechenden Unternehmen zu beauftragen.[264] Eine Nicht-Beauftragung führt zu einem Verstoß gemäß § 321 Abs. 1 S. 3 HGB. Dieser wird den zuständigen LRH's berichtet. Bei der Prüfung versuchen die Wirtschaftsprüfer den Fragenkatalog zur Marktkonformität zunächst aus der Jahresabschlussprüfung abzuleiten. Ist dies nicht möglich, so werden stichprobenartige Prüfungshandlungen durchgeführt. Das Testat der Prüfung wird entsprechend erweitert.[265]

Zu beachten ist, dass der Prüfungsstandard den Fragenkatalog nicht als abschließend ansieht. Der Prüfer kann bei gegebenem Anlass auch auf weitere Sachverhalte eingehen. Hinweise auf nicht marktkonformes Verhalten außerhalb des Fragenkatalogs haben die Prüfer auch an die zuständigen LRH's weiterzugeben, ggfs. können sie auf eine erforderliche Nachprüfung durch die LRH's hinweisen.

Der Fragenkatalog enthält 5 Fragenkreise:

- **Fragenkreis 1:** Zur *Abgrenzung kommerzieller und nicht kommerzieller Tätigkeiten* wird versucht, die kommerziellen Geschäftsfelder und Kundenkreise zu identifizieren , zu quantifizieren und zu plausibilisieren

- **Fragenkreis 2:** Zum *marktkonformen Verhalten und Leistungsaustausch zwischen Rundfunkanstalt, ihren Beteiligungen und Dritten* werden die Vertragsgrundlagen und Aufzeichnungspflichten der verschiedenen Leistungsaustauschbeziehungen überprüft. Es wird versucht, die Möglichkeiten für (potentielle) Quersubventionierung zu erkennen. Die Basis für die marktgerechten Preise wird innerhalb und außerhalb des Unternehmensverbunds identifi-

---

[262] IDW (2008), Rnr. 3 f.

[263] Die Marktkonformität in den Beziehungen zu fremden Dritten wird in der amtlichen Begründung zum 12. RÄStV (vgl. O.V. AMTLICHE BEGRÜNDUNG (2008), S. 20 gefordert und dient als Absicherung der Verhinderung von Marktverzerrung.

[264] Wird in den Tochtergesellschaften bereits eine Prüfung nach § 53 HGrG[264] vorgenommen, so ist dieser Prüfungsstandard gemäß § 16d RStV Abs. 1 S. 4 ergänzend zu beauftragen. Sollte eine Erweiterung der Jahresabschlussprüfung nicht beantragt werden, so hat der Wirtschaftsprüfer vorab mit gesondertem Schreiben darauf hinzuweisen, vgl. IDW (2008), Rnr. 13, vgl. dazu auch § 16b Abs. 2 S. 2 RStV.

[265] Vgl. IDW (2008), Rnr. 16 f.

ziert und die Begründung hinsichtlich eines positiven Fremdvergleichs (die Anstalten haben dies durch regelmäßige Stichproben nachzuweisen) analysiert.

- **Fragenkreis 3:** *Zum Grundsatz des marktwirtschaftlich handelnden Investors* bei Kapitalausstattung und Gewinnverwendung wird das Unternehmen auf eine betriebsnotwendige Eigenkapitalausstattung überprüft. Kredite und kreditähnliche Leistungen von Anstalten oder anderen Beteiligungsunternehmen werden hinsichtlich marktüblicher Konditionen überprüft. Die Eigenkapitalrendite wird über einen Zeitverlauf von drei Jahren ex post kontrolliert. Weitere Anhaltspunkte für außergewöhnliche Geschäftsvorfälle (z.B. Vermögensübertragungen) werden im Rahmen der Jahresabschlussprüfung gesucht.

- **Fragenkreis 4:** Wenn nötig, wird die Art und Weise von *Verlustübernahmen* (z.B. durch EAV, Ertragszuschuss und Nachzahlung ins Eigenkapital) überprüft. Die Anstalten haben dies vorab dem Beteiligungsunternehmen gegenüber zu begründen.

- **Fragenkreis 5:** Die Einhaltung von § 16e RStV wird überprüft, ggfs. werden dennoch vorhandene Haftungsverhältnisse (z.B. Bürgschaften) über das Beteiligungskapital hinaus, auf marktkonforme Gegenleistung überprüft.

Der Fragenkatalog soll die staatsvertraglichen Vorgaben aus § 16a-e RStV umsetzen. Die Fragenkreise 1 und 2, die der Überprüfung marktkonformen Verhaltens beim Leistungsaustausch (arm´s length principle) dienen, sollen Schlussfolgerungen auf das Handeln gemäß des Fremdvergleichsgrundsatzes zulassen. Ein Problem sind hierbei die zu Grunde gelegten Verrechnungspreise, die nicht immer eine marktgerechte Kostenzuordnung ermöglichen müssen.[266] Die Fragenkreise 3, 4 und ggfs. 5 stellen den „Private-Investor-Test" dar. Die Fragestellungen gehen über die Prüfung einer reinen Renditeerwartung hinaus. Allerdings ist im Fall der Eigenkapitalerhöhung kein ex ante aufgestellter Geschäftsplan vorgesehen, der im Fall der Überprüfung durch die Kommission von Vorteil sein könnte.[267]

4.3.3.2 Verrechnungspreisrichtlinie

Die Verrechnungspreise, die gemäß des RStV festgelegt werden müssen, unterscheiden sich von normalen Konzernverrechnungspreisen, die aufgrund steuerlicher oder kostenrechnerischer Methoden festgelegt werden. So bestimmt die Rundfunkmitteilung der Kommission, dass nicht alle Kosten aufgeteilt werden müssen, solange dies nicht sachgerecht möglich

---

[266] Vgl. dazu Kap. 4.3.1 und 4.3.3.2.
[267] Vgl. dazu Kap. 4.3.2.

ist.[268] An die Festlegung der Verrechnungspreise stellen sich daher höhere Transparenzerfordernisse. Um diese gewährleisten zu können, haben die Anstalten in Zusammenarbeit mit den LRH´s eine Verrechnungspreisrichtlinie entwickelt, die zur „Objektivierung, Quantifizierung und Effizienz" beitragen soll. Sie bietet darüber hinaus eine generelle Übersicht, wie die öffentlich-rechtlichen Anstalten bzw. ihre Beteiligungsunternehmen die Marktkonformität nachweisen möchten. Das Beteiligungscontrolling hat die Umsetzung und Einhaltung der Vorgaben Richtlinie in den Beteiligungsgesellschaften zu überwachen.[269]

4.3.3.2.1 Beteiligungscontrolling

Nach § 16c RStV ist das einzurichtende Beteiligungscontrolling ein Instrument zur Beteiligungskontrolle. Allerdings spricht § 16c RStV nicht nur von einer Kontrolleinrichtung, sondern explizit von einer „effektive[n] Controlling"-Einrichtung", so dass hier auch die erweiterten Anforderungen an ein Controlling-Instrument zu stellen sind. Wesentliche Aufgabe des Controllings nach HORVÁTH ist eine „systembildend[e] und systemkoppelnd[e] ergebniszielorientierte Koordination der Führungsteilsysteme Planung, Kontrolle und Informationsversorgung."[270] Diese kann man auch auf die weiteren Teilsysteme, wie z.B. die Organisation erweitern.[271] Das Beteiligungscontrolling hat dementsprechend ein effektives Planungs- und Kontrollsystem hinsichtlich der Beteiligung zu entwickeln.[272] So soll die Koordination der Beteiligung im Unternehmensverbund der Anstalt gewährleistet werden.[273] Es hat die empfängerorientierte Informationsversorgung des Beteiligungsmanagements[274] zu gewährleisten, indem eine ergebnisorientierte Steuerung, Koordination und Kontrolle der Beteiligungsunternehmen sichergestellt ist.[275] Die nötige Transparenz könnte durch ein spezifisches Informations- sowie ein Kosten- und Leistungsrechnungssystem gewährleistet werden. Die Aufgabe der Einrichtung eines solchen Systems könnte beim Beteiligungscon-

---

[268] Vgl. Kap. 4.2.3.1. Zwingend sind nur die Kosten der kommerziellen Tätigkeit zuzuordnen, die durch die zusätzlichen kommerziellen Tätigkeiten verursacht werden, alle anderen nur, wenn die Aufteilung sachgerecht möglich erscheint.

[269] O.V. VERRECHNUNGSPREISRICHTLINIE (2009), S. 50-59.

[270] HORVÁTH (1998), S. 144.

[271] Vgl. KÜPPER (1997), S. 15.

[272] Dies entspricht der von Horváth genannten systembildenden Komponente.

[273] Dies entspricht der von Horváth genannten systemkoppelnden Komponente.

[274] Das Beteiligungsmanagement wird i.d.R. bei der Intendanz oder der Verwaltungsdirektion angesiedelt sein.

[275] Dabei hat sich das Beteiligungscontrolling immer das spezifische Zielsystem der Anstalten vorzuhalten und darf das Primärziel eines möglichst hohen gesellschaftlichen Nutzens der Rundfunkleistung nicht in den Hintergrund drängen. Es hat darauf zu achten, dass die kommerziellen Beteiligungen dem Formalziel der wirtschaftlichen Erfüllung des Programmauftrags dienen, vgl. Kap. 2.2.2.1.

trolling angesiedelt werden. Die Dokumentation der prüfungsrelevanten Sachverhalte liegt bei den Beteiligungsunternehmen. Dieses wird letztlich auch der Marktkonformitätsprüfung durch die Betriebsprüfer unterzogen.

Die Verrechnungspreisrichtlinie gibt Hinweise auf die Informationen, die die LRH´s und die betriebliche Führung der Anstalten erwarten. So hat das Beteiligungscontrolling darauf zu achten, dass die Beteiligungsverhältnisse, die organisatorischen Strukturen und die Geschäftsfelder von den Beteiligungsunternehmen hinreichend genau dargestellt werden. Die Markt- und Wettbewerbsverhältnisse müssen analysiert und die Geschäftsvorgänge hinsichtlich ihres Umfangs zu klassifiziert werden. Diese Daten sind genauso wie die aufbereiteten vertraglichen Grundlagen und die gewählte Verrechnungspreismethode, begründet in die Beteiligungsdokumentation aufzunehmen und laufend zu aktualisieren.[276]

4.3.3.2.2 Anforderungen an Verrechnungspreise

In konsequenter Umsetzung des Beihilfekompromisses und der Rundfunkmitteilung haben die Preise in erster Linie dem Fremdvergleich auf dem relevanten Markt standzuhalten.[277] An diesem Ziel haben sich die in der Richtlinie genannten Verrechnungspreismethoden (Preisvergleichs-, Wiederverkaufspreis- und Kostenaufschlagsmethode)[278] zu orientieren. Präferiert wird – dies scheint hinsichtlich der Prämisse des Fremdvergleichs konsequent – analog dem Steuerrecht die Preisvergleichsmethode.[279]

Allerdings kann gerade dies problematisch erscheinen, da bei vielen Rundfunk- und anderen Mediendienstleistungen von relativ überschaubaren oligopolistischen Märkten ausgegangen werden muss. Diese kommen insbesondere aufgrund der ökonomischen Rundfunkspezifika wie z.B. dem Charakteristikum öffentlicher Güter und der unabhängig von der Nachfrage entstehenden Fixkosten (Preisanteilsdegression) zustande. So haben – außerhalb von Nischenmärkten – große Marktteilnehmer Wettbewerbsvorteile. Sie können einzelne Nachfrager bzw. Rezipienten in inhaltlicher wie auch technischer Hinsicht günstiger und mit größeren Gewinnmargen bedienen. Dies schafft Möglichkeiten, um Markteintrittsbarrieren für potentielle Konkurrenten zu erhöhen. Hier ist die Wettbewerbspolitik und ein effizient gestaltetes Wettbewerbs- und Kartellrecht in der Pflicht, wirksame Wettbewerbsvoraussetzungen zu

---

[276] Vgl. O.V. Verrechnungspreisrichtlinie (2009), S. 52.
[277] Vgl. O.V. Verrechnungspreisrichtlinie (2009), S. 52 Kap. 2.3.
[278] Zu den Verrechnungspreismethoden vgl. Kap. 4.3.1.
[279] Vgl. O.V. Verrechnungspreisrichtlinie (2009), S. 53

schaffen. Ziel sollte es sein, zu einer i.S.d der Wohlfahrtsökonomie effizienten Preisbildung zu kommen. Erst dann könnte Preisbildung anhand eines Fremdvergleichs wirklich Marktverzerrung verhindern und wirksamen Wettbewerb fördern.

Desweiteren finden die beihilferechtlich verlangten Verrechnungspreise ihre Grenzen in den eigenen Ausführungen der Kommission. Sie selbst gesteht dem öffentlich-rechtlichen Rundfunk zu, bei nicht sachgerecht zu trennenden Kosten, gar keine Kostenverteilung vorzunehmen.[280] Da es sich bei diesen Kosten meist um wesentliche Kosten handelt (als Beispiel nennt die Kommission Programmproduktionskosten), verstärkt sich die Frage, wie durch solche Verrechnungspreise Marktkonformität hergestellt werden kann. Zudem sind solche Verrechnungspreise auch als Steuerungsinstrument gegenüber dem Beteiligungsunternehmen kaum zu gebrauchen.

Folgerichtig steht auch nicht die interne Preisbildung im Mittelpunkt der Richtlinie, sondern die Preisfindung des Beteiligungsunternehmens gegenüber externen Dritten. Diese steht allerdings nicht im Fokus der Konformitätsprüfung, sondern sie wird nur bei Notwendigkeit als Vergleichsmaßstab herangezogen.[281]

4.3.3.2.3 Sicherstellung „externer Marktkonformität"

Die EU-Kommission scheint sich, genauso wie der deutsche Gesetzgeber - dies macht die Begründung des 12. RÄStV deutlich – im Klaren darüber zu sein, dass Quersubventionierung nur in gewissen Grenzen reduziert werden kann. Eine Minimierung der durch die kommerziellen Tätigkeiten potenziell möglichen Marktverzerrung auf „ökonomischen Märkten"[282] kann also effektiv nur verhindert werden, wenn bei kommerziellen Leistungen gegenüber fremden Dritten die Marktbedingungen eingehalten werden.

Die Preisermittlung auf den wesentlichen relevanten Märkten wird daher in der Richtlinie relativ detailliert dargelegt, so dass dies m.E. zur Transparenz und Objektivierung beitragen könnte. Eine marktkonforme Einordnung der Preisermittlung kann aber nur im jeweiligen Einzelfall erfolgen. Sollte die externe Preisermittlung überprüft werden, hilft die Verrechnungspreisrichtlinie grobe Verletzungen in der Preisermittlung zu lokalisieren und im Zusammenhang darzustellen. Kommission und private Konkurrenten bekommen so durch die

---

[280] EUROPÄISCHE KOMMISSION (2009), Rnr. 67 f.

[281] Vgl. IDW (2008), Rnr. 9.

[282] Hierbei ist darauf hinzuweisen, dass die kommerziellen Betätigungen in vielen Fällen nicht die Marktrelevanz besitzen, die ein Eingreifen des europäischen, wie auch des deutschen Kartellrechts notwendig machen (bspw. hat die ARD einen Marktanteil von ca. 4 % am TV-Werbemarkt.

Richtlinie die Möglichkeit, die Preisermittlungsverfahren an sich zu kritisieren. Sie können auf relevante Systematikfehler hinweisen, die zur Festlegung nicht marktkonformer Preise führen könnten. Dies schließt natürlich nicht aus, dass die anstaltliche Beurteilung einzelner Kriterien im Preisermittlungsverfahren zu Fehlern und Festsetzung nicht vergleichbarer Marktpreise führen kann. Hier ist es zunächst Sache der Anstalt und insbesondere Aufgabe der zuständigen Gremien dem entgegen zu treten.

4.3.3.3 Weiteres Prüfungsvorgehen

Es handelt sich um ein mehrstufiges Verfahren zum Nachweis der Marktkonformität. Die zuständigen LRH´s erhalten von den Abschlussprüfern die Abschlussberichte zur Auswertung. Zudem haben die LRH´s gem. § 16c Abs. 3 RStV ein explizites Prüfungsrecht für die Tochtergesellschaften, die sich mehrheitlich im Besitz der Anstalt befinden, die in ihrem Bundesland sitzt. [283] Gemäß § 16d Abs. 1 S. 6 RStV werden sie dieses insbesondere dann nutzen, wenn Unregelmäßigkeiten bei der Konformitätsprüfung aufgetaucht sind.[284] Stellt auch der zuständige LRH Verstöße gegen die Bestimmungen der Marktkonformität fest, so werden diese an die Rechtsaufsicht gemeldet. Greifen Intendant oder Gremien nicht korrigierend ein, hat die Rechtsaufsicht notwendige Maßnahmen einzuleiten.[285]

Aus Gesetz und Begründung lässt sich nicht eindeutig herauslesen, ob ein durch den LRH festgestellter Verstoß eine eigene Prüfungshandlung vor Ort voraussetzt oder ob alleine eine Beurteilung, der durch die Wirtschaftsprüfer vorgelegten Unterlagen ausreichend ist. Für letzteres spricht der Wortlaut der Begründung zu § 16a Abs. 1 S. 6 RStV, der von der Befugnis zur Auswertung der überlassenen Ergebnisse der Wirtschaftsprüfer, aber nur von einem fakultativen Prüfungsrecht bei den Beteiligungsunternehmen spricht.[286]

In jedem Fall hat der LRH das Ergebnis seiner Prüfungen dem jeweiligen Intendanten, dem zuständigem Aufsichtsgremium (i.d.R. der Verwaltungsrat[287]) und dem Beteiligungsunternehmen

---

[283] Dieses ist gemäß § 16d Abs. 1 S. 3 RStV durch die Anstalten in den Satzungen oder Gesellschaftsverträgen der Beteiligungsunternehmen zu verankern. Gemäß § 16c Abs. 4 RStV können die Rechnungshöfe im Fall einer Zuständigkeitsüberschneidung (im Fall der Mehrländeranstalten NDR, MDR, SWR und den Gemeinschaftseinrichtungen relevant) einem einzigen zuständigen Rechnungshof übertragen. Dies impliziert allerdings keine Verpflichtung dazu, was insbesondere bei kleinen Beteiligungsunternehmen von Mehrländeranstalten zu Problemen im operativen Geschäft und Wettbewerbsnachteilen führen kann.
[284] IDW (2008), Rnr. 12.
[285] Vgl. O.V. AMTLICHE BEGRÜNDUNG (2008), S. 24.
[286] Vgl. O.V. AMTLICHE BEGRÜNDUNG (2008), S. 24, vgl. auch IDW (2008), Rnr. 12.
[287] Der Verwaltungsrat ist in der Regel für Beschlüsse über Beteiligungen zuständig (z.B. §§ 27 Nr. 5 SWR-StV, 31 Abs. 1 Nr. 7 MDR-StV, 18 Abs. 3 Nr. 4 RBB-StV, 21 Abs. 3 Nr. 4 WDR-G). Gemäß § 16 Abs. 2 Nr. 13

mitzuteilen. Während Intendant, Aufsichtsgremium und Beteiligungsunternehmen vollständig über die Prüfung informiert werden, hat der LRH die entsprechenden Regierungen, Landtage und die KEF nur über die wesentlichen Ergebnisse der Prüfung zu informieren.[288] Die Wettbewerbsfähigkeit des Beteiligungsunternehmens soll so durch Übermittlung von Betriebs- und Geschäftsgeheimnissen nicht übermäßig strapaziert und eine zu breite Streuung der Daten vermieden werden. Aber auch die „wesentlichen Ergebnisse" haben die Informationen zu enthalten, durch die die KEF mögliche Auswirkungen auf den Finanzbedarf der Rundfunkanstalten beurteilen kann.[289] Orientiert man sich am Beihilfekompromiss bedeutet dies, dass auch als „wesentlichen Ergebnisse" die Eigenkapitalrendite des Unternehmens und ggfs. die auf nicht marktkonformes Verhalten entfallenden Erlöse und Kosten anzugeben sind.[290]

4.4 Weitere Vorgaben und Einflussnahme

Das Beteiligungsunternehmen muss die Rechtsform einer juristischen Person besitzen und die Satzung oder der Gesellschaftsvertrag muss einen Aufsichtsrat oder ein entsprechendes Organ vorsehen (§ 16b Abs. 1 Ziff 2 f. RStV). Gemäß § 16b Abs. 2 S. 1 RStV „haben sich die Rundfunkanstalten in geeigneter Weise den nötigen Einfluss auf die Geschäftsleitung" einer unmittel- und mittelbaren Beteiligung zu sichern und für eine angemessene Vertretung im Aufsichtsrat zu sorgen.[291]

Durch den „nötigen Einfluss" ist „hinreichende Transparenz und Lenkbarkeit durch die Rundfunkanstalt" sicherzustellen.[292] Da sich die kommerzielle Beteiligung hinsichtlich der Wirtschaftsführung in der Kontrolle von Abschlussprüfern und LRH's befindet[293], haben die Anstalten ihre Einflussmöglichkeiten v.a. auf der Ebene des Sachziels einzelner Geschäftsbereiche zu nutzen.

WDR-G bedürfen Beschlüsse über den Erwerb und die Veräußerung von Beteiligungen im Bereich der Programmveranstaltung der Zustimmung des Rundfunkrats. Für Beteiligungen in anderen, d.h. der Veranstaltung vor-, neben- und nachgelagerten Bereichen ist eine Zustimmung des Verwaltungsrats erforderlich, vgl. LINK (2005), S. 65.

[288] Entgegen der Zusagen Deutschlands im Beihilfekompromiss ist nunmehr nicht vorgesehen, dass die Prüfungsmitteilungen eigene Stellungnahmen der Anstalten beinhalten können, vgl. EUROPÄISCHE KOMMISSION (2007), Rnr. 348.

[289] Vgl. O.V. AMTLICHE BEGRÜNDUNG (2008), S. 25.

[290] Vgl. EUROPÄISCHE KOMMISSION (2007), Rnr. 344, 391.

[291] Die nötige Einflussnahme und die angemessene Vertretung fand sich vorher schon in einigen Landesrundfunkgesetzen normiert z.B. zum nötigen Einfluss §§ 35 Abs. 2 S. 1 NDR-StV, 41 Abs. 2 S. 1 SMG, 20 Abs. 2 S. 1 RBG; zur angemessenen Vertretung der Interessen §§ 45 Abs. 2 S. 1 WDR-G, 28 Abs. 2 S. 1 RBB-StV. Zum Vorbild für die Vorschrift wurde § 36 SWR StV genommen, vgl. EUROPÄISCHE KOMMISSION (2007), Rnr. 345.

[292] Vgl. Begründung zum Zwölften Staatsvertrag 18.12.2008 #51}, zu § 16 b Abs. 1, S. 21.

[293] Vgl. Kap. 4.3.3.

Sie müssen die Betätigung der Tochter in fraglichen Geschäftsfeldern verhindern bzw. die Sachziele entsprechend ihrer eigenen Zielsetzung ausgestalten können.[294] Beteiligungen, die diesen Einfluss nicht ermöglichen, sollten aufgegeben bzw. nicht eingegangen werden.

Die Sachziele der Beteiligung sollten zunächst einen funktional-dienenden Zusammenhang zum Auftrag aufweisen.[295] Die Intensität des Einflusses hat dabei entsprechend dem potenziellen Gefährdungsgrad des Programmauftrags zu variieren. Ein Orientierungspunkt könnte dabei sein, ob die Beteiligung in vor-, neben- oder nachgelagerten bzw. komplett im Programmbereich tätig ist.[296] Berühren die Beteiligungen den Programmbereich direkt, so muss besonders darauf geachtet werden, dass sich die Beteiligungen in keinster Weise den Aufsichtsgremien der Anstalten entziehen können.[297]

Der RStV schließt Minderheitsbeteiligungen nicht aus. Sollte die Beteiligungshöhe nicht ausreichen, um maßgeblichen Einfluss auszuüben, so ist die Gewährleistung des Sachzusammenhangs zur öffentlichen Aufgabe durch andere Möglichkeiten sicherzustellen. In Abhängigkeit der gewählten Gesellschaftsform und -ausgestaltung dienen dazu die Festschreibung von Gesellschaftszweck und -gegenstand, gesellschaftsrechtlich ausbedingte Vetorechte, personelle Verflechtungen in der Geschäftsführung oder durch Erteilung der Prokura an einen führenden Mitarbeiters der Anstaltsorganisation sowie interne vertragliche Bindungen der Geschäftsführung an einen bestimmten Unternehmensgegenstand und Konsortialabreden.[298] Die verschiedenen möglichen Maßnahmen sind angesichts des Gefährdungspotenzials und der Möglichkeiten und Grenzen der Einflussinstrumente sowie der entsprechenden Einlassung der Kooperationspartner zu wählen.[299]

§ 16b RStV umfasst auch mittelbare Beteiligungen. Es ist scheinbar Sinn und Zweck der Regelung, dass die Anstalten keine Möglichkeiten haben, über Tochtergesellschaften die Vorgaben aus § 16a – e RStV zu unterlaufen. Auch das Enkelunternehmen muss einen

---

[294] Vgl. Kap. 4.2.2.

[295] Während in der öffentlich-rechtlichen Rundfunkanstalt das Sachziel der Leistungserstellung im Mittelpunkt steht und dies der Zweck des Wirtschaftens ist, ist die kommerzielle Beteiligung genau umgekehrt organisiert (vgl. Kap. 2.2.2). Das Formalziel der Gewinnmaximierung sollte im bei der kommerziellen Töchter im Vordergrund stehen, das mit Hilfe des Sachziels (Vermarktung von Werbung, Programmproduktion, Verkauf von Rechten etc.) zu erreichen ist.

[296] Die Gefährdung ist besonders hoch, wenn die Tochter Sendungen für die Mutter produziert oder die Tochter Marken der Mutter einsetzt und so den Ruf beschädigen kann.

[297] Vgl. LINK (2005), S. 62f.

[298] Einen ausführlichen Überblick über die Einflussinstrumente in Abhängigkeit der gewählten Gesellschaftsform bietet LINK (2005), S. 66-136.

[299] Die Vereinbarung von Sonderrechten findet schon lange Anwendung im Verbund der Rundfunkanstalten, wenn diese z.B. nur mittelbar über Tochtergesellschaften an einer Gemeinschaftseinrichtung beteiligt sind, aber direkten Einfluss auf die Gesellschaft ausüben wollen (z.B. DEGETO), vgl. LINK (2005), S. 77.

Sachzusammenhang zur Anstalt aufweisen, die Rechtsform einer juristischen Person besitzen, ein Aufsichtsorgan vorsehen und durch einen Wirtschaftsprüfer geprüft werden. Eine direkte Vertretung der Anstalten im Aufsichtsrat des Enkels ist dem Wortlaut aus § 16b RStV und der Begründung aber nicht zu entnehmen. Sollte gewährleistet sein, dass die mittelbare Beteiligung nicht in den direkten Genuss von Gebührengeldern kommen kann, so könnte der „nötige Einfluss" und die „angemessene Vertretung" im Aufsichtsrat gem. § 16b Abs. 2 RStV auch durch die Tochter gesichert bzw. vorgenommen werden. Für Beteiligungen, die nicht mehrheitlich im Besitz der Anstalten sind, sind die Vorgaben aus § 16d RStV nicht anzuwenden. Ein Prüfungsrecht der LRH´s besteht bei diesen Beteiligungen nicht.

Die in dieser Weise vom Gesetzgeber geforderte Einflussnahme geht weit über die beihilferechtlich notwendigen Maßnahmen hinaus, so dass davon auszugehen ist, dass hier der Einfluss des deutschen Verfassungsrechts zum Ausdruck kommt. Beihilferechtlich würde es ausreichen, dass der Markt von Gebührengeldern freigehalten wird. Eine weitere Einflussnahme auf die Tochter wäre nicht nötig. Das Beihilferecht fordert aber nicht, die kommerzielle Tochter vor gemeinwirtschaftlichem Einfluss zu schützen, so dass für die Tochter- und Enkelunternehmen dadurch entstehende Wettbewerbsnachteile hinzunehmen sind.

4.5 Vergaberechtliche Konsequenzen

Als staatlich finanzierte Unternehmen können die Rundfunkanstalten ihre Tochtergesellschaften ohne Anwendung des europäischen Vergaberechts (d.h. ohne europaweite Ausschreibung) nur dann beauftragen, wenn innerhalb dieser Tochtergesellschaften der Umsatz aus Fremdaufträgen unter etwa 10 % liegt (sog. Inhouse-Vergabe).[300]

Die Anstalt wird bestrebt sein, das Inhouse-Verfahren anzuwenden, um sich das langwierige und bürokratische Vergabeverfahren und die auf einem Markt gewöhnlich entstehenden Transaktionskosten[301] und Unsicherheiten[302] zu ersparen[303] und um die Vorteile einer internen

---

[300] Nach europäischem Vergaberecht müssen Aufträge öffentlicher Unternehmen mit einem Volumen größer 200 TEUR europaweit ausgeschrieben werden. Die 10 % Regel ist relativ auszulegen, je weiter die 10 %-Regel unterschritten wird, desto sicherer ist die Bejahung eines Inhouse-Geschäftes, vgl. dazu auch HARTSTEIN ET AL. (2010), B5, zu § 16a RStV, Rnr. 28, m.w.N.

[301] Zu den Transaktionskosten zählen Informationskosten (im Marktmechanismus hat ein Wirtschaftssubjekt für gewöhnlich nicht alle relevanten Informationen in Bezug auf eine Kauf- bzw. Investitionsentscheidung. Notwendige Informationen muss es sich unter weiterem Aufwand beschaffen), Such- und Auswahlkosten, Verhandlungskosten, Vertrags- und Kontrollkosten, Vertragsanpassungskosten und Kosten aus Unflexibilität.

Koordination auch in Bezug auf ihre kommerziellen Tätigkeiten weiter nutzen zu können.[304] Zur Vermeidung der Ausschreibung wird die Beteiligungsgesellschaft daher darauf zu achten haben, dass sie die 10 % - Regel hinsichtlich der Fremdaufträge nicht überschreitet. Dementsprechend stellt die Regel eine Begrenzung dar, die die Wirtschaftlichkeit des Unternehmens praktisch einschränken kann.[305]

4.6 Das Problem der steuerrechtlichen Regulierung

Die ertragssteuerliche Behandlung gewerblicher Tätigkeiten von jPdöR wird über BgA's[306] vorgenommen. Bis zu dem gesetzlichen Ausschluss von Haftungsübernehmen durch den 12. RÄStV (§ 16e RStV) waren kommerzielle Tochterunternehmen durch EAV's mit der Anstalt verbunden. Damit ist eine körperschafts- und gewerbesteuerliche Organschaft begründet worden und gemäß § 14 Abs. 1 KStG musste der Gewinn und Verlust dem Organträger, also der Anstalt zugeordnet werden. Die Anstalten hafteten folglich für die so verbundenen kommerziellen Tochterunternehmen. Eine sachgerechte Trennung der Kosten war von daher in der Vergangenheit nicht notwendig, vielmehr war eine Kostenablastung auf die Töchter steuerlich sinnvoll, um die auf die kommerzielle Tätigkeit entfallende Ertragssteuerlast zu minimieren und Vorsteuerabzug[307] zu ermöglichen.[308]

---

[302] Unsicherheiten marktlicher Transaktionen sind insbesondere hinsichtlich der Qualität der nachgefragten Produkte/Dienstleistungen auszumachen (je höher die Qualität, desto höher wird regelmäßig auch der Preis). Die Unsicherheiten entstehen insbesondere durch Informationsasymmetrien, der Anzahl der möglichen Tauschpartner und der Spezialisierung einzelner Dienstleistungen.

[303] Dieses Bestreben wird umso größer sein, umso spezifischer die durch Tochterunternehmen bereitgestellten Güter sind (sog. Faktorspezifität). Zur Transaktionskostentheorie vgl. WILLIAMSON (1990), insbes. S. 21-26.

[304] Auch die kommerzielle Tochtergesellschaft wird den Vorteil eines festen solventen Kundenstammes weiterhin nutzen wollen.

[305] Bspw. wird Wirtschaftlichkeit in der Werbezeitenvermarktung des Hörfunks durch die ARD bzw. ihre kommerziellen Werbetöchter gerade auch dadurch hergestellt, dass ohnehin vorhandene Ressourcen (Hörfunkforschung, Disposition, Vermarktungsteam) auch für externe Dritte genutzt werden. Für die Vermarktung der Dritten erhält die AS&S Radio Provisionen privater Anbieter, die auf die ohnehin vorhandenen Kosten angerechnet werden können, vgl. dazu Kap. 5.1.1.

[306] Kann der hoheitliche Zweck nur durch einen wirtschaftlichen (gewerblichen) Geschäftsbetrieb erreicht werden, der auch in seiner Gesamtausrichtung die steuerbegünstigen, satzungsgemäßen Zwecke der Körperschaft verwirklicht und nicht im größeren Umfang in vermeidbarem Wettbewerb handelt (vgl. § 65 AO), so handelt es sich unter die Voraussetzungen von § 60 AO (Satzung) um einen Zweckbetrieb und die Erträge dieser Tätigkeit sind ertragssteuerbefreit, vgl. § 4, 5 Abs. 1 Nr. 9 KStG.

[307] JPdöR sind im Rahmen ihrer hoheitlichen Betätigung keine Unternehmer vgl. (§ 2 UStG), so dass der Vorsteuerabzug in diesem Rahmen gemäß § 15 UStG ausgeschlossen ist.

[308] Eine Nutzung legaler steuerlicher Gestaltungsmaßnahmen verlangte auch der Grundsatz der Wirtschaftlichkeit und Sparsamkeit.

Um dem dargestellten Anreiz im größten kommerziellen Bereich, der Werbung, entgegen zu wirken und zu einer sachgerechten Besteuerung zu kommen, wurde 2001 in § 8 Abs. 1 S. 2 KStG eine pauschale Gewinnversteuerung von 16 % der Netto-Werbeumsätze festgesetzt.[309] Dies wird i.d.R. in der Form umgesetzt, dass die Werbetochter im eigenen Namen und auf eigene Rechnung handelt und der Rundfunkanstalt im Rahmen eines Auffüllmodells Kosten i.H.v. 84 % ihrer Werbeumsätze erstattet. Die Anstalt versteuern im Rahmen der BgA Werbung letztlich 16 % der Werbeeinnahmen.[310]

Durch die Aufhebung der EAV und der Vorgabe marktkonformen Verhaltens der Anstalt gegenüber der Tochter erschließt sich die dargestellte pauschale Gewinnversteuerung nicht mehr. Unter den Voraussetzungen einer sachgerechten Kostenverrechnung bedeutet dies eine steuerliche Ungleichbehandlung gegenüber vergleichbaren privaten Werbezeitenvermarktern.

§ 8 Abs. 1 S. 2 KStG könnte als Basis für die Festlegung marktkonformer interner Verrechnungspreise dienen, wenn – wie die Bundesregierung im Beihilfekompromiss angibt[311] – die Grundlage für die Schätzung einer 16 %igen Umsatzrendite regelmäßig aktualisiert wird. Dies müsste zu einer relativ zutreffenden Verrechnungspreisermittlung führen[312], so dass sich der Sinn einer Gewinntypisierung an sich nicht erschließt. Die Finanzbehörde könnte entgegen § 162 AO die Besteuerungsgrundlage mit Hilfe der Kostenverrechnung hinreichend genau direkt ermitteln und die Steuer nach den herkömmlichen Methoden berechnen.[313] Ansonsten ist auch nicht ersichtlich, ob und wie Marktverzerrung wirklich verhindert werden soll. Spätestens wenn die kommerziellen Tochterunternehmen tatsächlich unter Marktbedingungen agieren, kann einer alternativlosten Pauschalierung der Besteuerung nicht gefolgt werden.[314]

---

[309] Vgl. BMF (2003). § 162 AO setzt die Schätzung der Besteuerungsgrundlage durch die Finanzbehörde an, wenn der Gewinn „nicht ermittel[t] oder berechne[t] werden kann."

[310] Vgl. O.V. VERRECHNUNGSPREISRICHTLINIE (2009), S. 54. Daneben ist auch ein Agenturmodell möglich, bei dem die Werbegesellschaft im eigenen Namen auf Rechnung der Anstalten handelt und sich aus Provisionen finanziert.

[311] Vgl. EUROPÄISCHE KOMMISSION (2007), Rnr. 357.

[312] Ist dies nicht sachgerecht möglich, so ist beihilferechtlich keine Verrechnung nötig.

[313] Nach § 8 Abs. 1 KStG i.V.m. §§ 5,4 Abs. 1 EStG, § 13 GmbHG, § 6 Abs. 1, 238 Abs. 1 und 242 Abs. 1 HGB. Dies scheint auch eine Anforderung der Kommission zu sein, da sie aufgrund des Fremdvergleichs annimmt, dass es künftig keinen Grund mehr gibt, eine steuerliche Sonderbehandlung für die kommerzielle Betätigung des öffentlich-rechtlichen Rundfunks anzunehmen, da die Verrechnungspreise auch steuerlich die Angemessenheit und Zuverlässigkeit der Kosten nicht in Frage stellen dürften, vgl. EUROPÄISCHE KOMMISSION (2007), Rnr. 176.

[314] Vgl. EUROPÄISCHE KOMMISSION (2007), Rnr. 357.

4.7 Zwischenfazit

Arm´s length principle und private investor test dienen dazu Quersubventionierung zwischen kommerzieller Tochter und gemeinwirtschaftlich tätiger Mutter zu vermeiden. Die Anwendung beider Methoden im staatsvertraglichen Sinn reichen aber nicht aus, um Marktverzerrungen auszuschließen. Die Begründung zum 12. RÄStV zeigt, dass sich der Gesetzgeber dieses Sachverhalts bewusst ist. Daher verbindet er die Vorgabe marktgerechter Preise zwischen Rundfunkanstalt und kommerzieller Beteiligung in beiden Richtungen mit der Vorgabe, dass sich auch die Tochtergesellschaft am Markt marktkonform verhalten muss.[315]

Marktkonformität i.S.d. Gesetzes ist also so zu verstehen, dass im Anstaltsverbund Marktbedingungen nur angesetzt werden, soweit dies eindeutig möglich ist. Spätestens müssen die Marktbedingungen in vollständiger Art und Weise aber als Untergrenze für Preise gegenüber Dritten verstanden werden.

---

[315] Vgl. O.V. AMTLICHE BEGRÜNDUNG (2008), S. 20.

5 Umsetzung und konkrete Bedeutung von §§ 16a - e RStV

Viele kommerzielle Betätigungen haben die Rundfunkanstalten schon in der Vergangenheit über privatrechtlich ausgegliederte Tochterunternehmen durchgeführt. Die Übertragung der Abwicklung von Werbeaufträgen durch rechtlich selbstständige Eigengesellschaften kann z.B. schon als traditionell bezeichnet werden. Weitere Beispiele sind Produktionsgesellschaften wie die Bavaria oder die MeranFilm, Gesellschaften zur Rechteverwertung wie die WDR licensing oder die DEGETO, die neben ihrem Hauptgeschäft, dem Rechteeinkauf für die ARD auch Rechte verwertet. Auch gemeinnützige Beteiligungen wie z.B. das Institut für Rundfunktechnik erbringen kommerzielle Tätigkeiten im i.S.d. RStV.

5.1 Auswirkung auf die bestehenden Beteiligungsunternehmen

5.1.1 Rein kommerzielle Beteiligungen

Die Auswirkungen der neuen Normen auf bestehende Beteiligungsunternehmen soll am Beispiel der ARD-Werbegesellschaften dargestellt werden. Es handelt sich dabei um Beteiligungen, die zu 100 % im Besitz ihrer jeweiligen LRA sind. Deren rechtliche Ausgründung in eigenständige GmbH's ist nicht zuletzt aus steuerlichen Gesichtspunkten vorgenommen worden.[316] Die Anstalten haben sich auf die Gesellschaften zahlreiche Einflussmöglichkeiten geschaffen. So sind oft personelle Verflechtungen zwischen Anstalt und Werbegesellschaft vorgesehen, die Aufsichtsgremien gehen aus den Verwaltungsräten hervor und die Gestaltung des Werberahmenprogramms obliegt der Gemeinschaftsredaktion Vorabend, die der ARD Programmdirektion angeschlossen ist.[317] Die ARD-Werbegesellschaften agieren national durch eine zentrale Vermarktungsorganisation, die AS&S an der jede Werbegesellschaft 11,11 % hält.[318] Hierbei handelt es sich um eine mittelbare Beteiligung i.S.d. § 16a Abs. 1 RStV.

---

[316] Vgl. HARTSTEIN ET AL. (2010), B5 zu § 13 RStV, Rnr. 13. Das ZDF hat die Werbezeiten bis in jüngster Zeit durch eine, in der Verwaltungsdirektion der Anstalt verankerte Werbeabteilung vorgenommen. Die rechtlich verpflichtende Ausgliederung fand Anfang 2009 statt.

[317] Ein solch weitgehender Einfluss ist nötig, da die Werbegesellschaften nicht nur für die Werbeakquisition und -ausstrahlung zuständig sind, sondern auch die für das Rahmenprogramm erforderlichen Produktionen bereitstellen und diesbezüglich weitere Aufgaben übernehmen.

[318] Die AS&S hält 100 % an der AS&S Radio und 50 % an der ARD & ZDF Fernsehwerbung.

Wie in Kap. 2.3 dargelegt, fanden die Beteiligungsmöglichkeiten verfassungsrechtlich schon immer dort eine Grenze, wo der Bereich der Randbetätigung überschritten wurde. Da die zulässigen kommerziellen Betätigungen vor dem 12. RÄStV in jedem Fall vom gesetzlichen Auftrag umfasst waren, muss der Sachzusammenhang über den normierten Gesellschaftszweck schon vor dem 12. RÄStV gegeben gewesen sein. Die Vorgaben, denen die Beteiligungen gemäß § 16b RStV unterliegen, treffen somit auf die dargestellten Gesellschaften bereits zu.[319]

Diesbezüglich stellt die Ausgestaltung marktkonformer Beziehungen zwischen Anstalt und Tochter die wesentlichste Neuerung und die größte Schwierigkeit dar. Im operativen Geschäft steht das „arm´s length principle"[320] im Mittelpunkt, um eine marktkonforme Leistungsverrechnung zu erreichen.[321] Gemäß der EU-Rundfunkmitteilung ist das Prinzip schon dann erfüllt, wenn bei nicht klar trennbaren „Input-Kosten" eine Grenzkostenbetrachtung stattfindet.

Größtes Problem sind hierbei die für die Tochter entstehenden Kosten, die sie für die Zeit aufzuwenden hat, in der Werbung ausgestrahlt wird. Auch private Sendeunternehmen und Vermarkter sind über Mutter-Tochter-Beziehungen so eng verflochten, dass in diesem Zusammenhang keine Marktpreise bestehen. Die Preisvergleichsmethode kann daher nicht angewendet werden. Auch bei der Anwendung der Wiederverkaufspreismethode wäre eine hinreichend genaue marktübliche Marge zu bestimmen, was wiederum schwierig erscheint. Die Anwendung der Kostenaufschlagsmethode i.S.d. Verrechnungspreisrichtlinie ist schwierig, da es sich bei den Ausstrahlungskosten in erster Linie um die ohnehin vorhandenen Fixkosten, wie die Sendeinfrastruktur und die dazu nötige Verwaltung, handelt. Die von der Kommission vorgeschlagene Anwendung der Grenzkostenrechnung würde in diesem Fall dazu führen, dass gar keine Kosten verrechnet werden.

Wird der wesentlichste Kostenfaktor aber nicht verrechnet, so scheint dies den Sinn jeglicher anderer Kostenverrechnungen an absurdum zu führen. Das Ziel der Herstellung von Marktbedingungen im inneren Leistungsaustausch kann so nicht erreicht werden. „Externe" Marktkonformität kann in diesem Fall folglich nur dadurch gewährleistet werden, dass die Werbegesellschaft ihre Werbezeiten nicht unter vergleichbaren Preisen der Konkurrenz am Markt

---

[319] Zur Gründung von Tochterunternehmen durch die Werbegesellschaften („Enkelunternehmen"), vgl. Kap. 0, vgl. dazu auch HARTSTEIN ET AL. (2010), B5 zu § 16b Rnr. 4-5.
[320] Zur Kritik der Umsetzung dieser Methode vgl. Kap. 4.3.1.
[321] Vgl. dazu Kap. 4.3.1.

anbietet.[322] Desweiteren ist die in Kap. 4.6 angesprochene Steuerproblematik zu lösen, um marktkonformes Verhalten herstellen zu können.

5.1.2 Gemischte Beteiligungen

§ 16a f. RStV verwehrt es einer Tochtergesellschaft nicht, hoheitliche und kommerzielle Tätigkeiten gemeinsam durchzuführen.[323] Voraussetzung dazu ist eine getrennte Buchführung[324], damit auch in diesem Fall die Vorgaben der Transparenz-RL umgesetzt werden können. Eine getrennte Buchführung einzelner kommerzieller Tätigkeitsbereiche ist gesetzlich aber nicht nötig.[325]

Für Unternehmen, die sich nur im hoheitlichen Bereich bewegen und keine Leistungen für Dritte im Wettbewerb anbieten ist eine getrennte Buchführung nicht nötig. § 16a RStV ist nur im Fall von Leistungsangeboten an fremde Dritte anzuwenden. Solche Beteiligungen fallen m.E. aber, wie die dargestellten gemeinnützigen Beteiligungsgesellschaften, unter die Vorgaben für Beteiligungen aus § 16b RStV, wie Abs. 4 klarstellt. So ist auch in diesem Fall der Sachzusammenhang, die Rechtsform und der Einfluss gem. § 16b Abs. 1 f. RStV zu wahren.

Bei Mischtätigkeiten agieren Beteiligungen hoheitlich und kommerziell. Die Rundfunkanstalten haben sich in diesen Fällen zur Beteiligung insgesamt marktkonform zu verhalten. Der Leistungsaustausch untereinander muss weitestgehend verrechnet werden.[326]

Ein Beispiel für ein solches Unternehmen ist die DEGETO, deren Gesellschafter die Rundfunkanstalten der ARD bzw. ihre Werbetöchter sind. Gesellschaftsgegenstand ist der Erwerb, die Verwaltung und die Veräußerung von Rechten an Spielfilmen und Fernsehprojekten. Wird die DEGETO für die ARD hoheitlich tätig, so handelt sie im Namen und für Auftrag der

---

[322] Nach der amtlichen Begründung zum 12. RÄStV beinhaltet die Marktkonformität ein zweistufiges Vorgehen. Marktpreise im Leistungsaustausch zwischen Mutter und Tochter sind mit der Vorgabe verbunden, dass auch die Tochter ihre Leistungen gegen marktkonforme Preise anbietet.
[323] O.V. AMTLICHE BEGRÜNDUNG (2008), zu § 16a Abs. 2 Nr. 3, S. 20, der Gesetzgeber spricht genau den Sonderfall an, dass kommerzielle und Aufgaben innerhalb des öffentlich-rechtlichen Auftrags wahrgenommen werden und dann eine getrennte Buchführung notwendig wird. Der Gesetzgeber will diesen Fall also nicht ausschließen.
[324] Vgl. HARTSTEIN ET AL. (2010), B5, zu § 16a RStV, Rnr. 22.
[325] O.V. AMTLICHE BEGRÜNDUNG (2008), zu § 16a Abs. 2 Nr. 3, S. 20.
[326] Vgl. HARTSTEIN ET AL. (2010), B5, zu § 16a RStV, Rnr. 25.

ARD-Rundfunkanstalten bzw. der Werbetöchter, also als Vertreter i.S.d § 164 Abs. 1 BGB.[327] Daneben ist es ihr aber auch gestattet, in eigenem Namen zu handeln, um bspw. für die ARD nicht verwendbare Programme aus großen Programmpaketen am Markt weiter zu veräußern. In diesem Fall wird die DEGETO im Rahmen ihrer eigenen Geschäftstätigkeit versteuert.

Auf das operative Geschäft hat sich die ARD weitgehenden Einfluss gesichert. Die ARD Filmredaktion, die der ARD-Programmdirektion unterstellt ist, wurde in die DEGETO eingegliedert. Der programmliche Geschäftsführer der DEGETO ist der ARD-Filmredaktion unterstellt. Desweiteren ist der ARD-Programmdirektor als Geschäftsführer in das Unternehmen integriert. Die DEGETO hat einen Aufsichtsrat, in dem die Intendanten aller LRA´s vertreten sind. Die Gesellschafterversammlung besteht gemäß der Gesellschafterstruktur aus Vertreten der LRA´s und Werbegesellschaften. Die verlangte Prüfung durch einen Wirtschaftsprüfer findet ebenfalls statt.

Der Sachzusammenhang, die Gesellschaftsform und der nötige Einfluss gem. § 16b RStV ist damit gegeben. Die Trennung zwischen wirtschaftlichen und programmlichen Gesichtspunkten findet schon auf der Führungsebene statt, da neben den schon benannten programmlichen Geschäftsführern auch ein kaufmännischer Geschäftsführer für die wirtschaftliche Betätigung der DEGETO zuständig ist.[328]

Für die Kosten der DEGETO kommen die Gesellschafter per Umlagesystem auf. Die kommerzielle Betätigung im Bereich der Rechteverwertung konnte bisher unproblematisch – aufgrund der Verpflichtung zu Wirtschaftlichkeit und Sparsamkeit – unter die Randnutzung des Auftrags gezählt werden. Auftrags- und Eigengeschäft sind schon aufgrund der Organisationsstruktur strikt voneinander getrennt. Eine sachgerechte Trennung der Verwaltungskosten wird aber kaum möglich sein.

Die wirtschaftliche Betätigung im Rechteverkauf führt dazu, dass sich nach dem Wortlaut aus § 16a Abs. 1 S. 6 RStV die ARD-LRA´s zur DEGETO insgesamt marktkonform zu verhalten haben. Die Finanzierung der DEGETO über ein Kostenumlagesystem widerspricht den Grundsätzen der Marktkonformität. Man sollte jedoch bedenken, dass auch Aufträge von Rundfunkanstalten an Tochtergesellschaften im hoheitlichen Bereich zu Gewinnen führen müssten, wenn sie unter Marktbedingungen abgewickelt werden. Aufgrund der Versteuerung

---

[327] Vgl. LINK (2005), S. 193. Die Einnahmen aus dem Rechteverkauf für die ARD werden in einem eigenen BgA in den Anstalten versteuert.
[328] Vgl. LINK (2005), S. 193.

der Gewinnausschüttung würde dies zu einem unwirtschaftlichen Ergebnis führen.[329] Eine Ausgliederung der kommerziellen Betätigung der ansonsten hoheitlich handelnden Tochter in ein Enkelunternehmen hilft nicht weiter, da auch in diesem Fall die hoheitliche Tochter Marktbedingungen einhalten muss.[330]

Allerdings gehen HARTSTEIN ET AL. aufgrund § 16b Abs. 4 RStV davon aus, dass gemeinnützige Tätigkeiten anders behandelt werden sollen, als die kommerziellen Beteiligungen und gemeinnützige Tätigkeiten von der Anwendung des § 16a RStV ausgeschlossen sind.[331] So könnte man prüfen, ob diese Interpretation auch auf die Geschäftstätigkeit der DEGETO angewendet werden könnte.

Die DEGETO ist nicht als gemeinnützige Gesellschaft ausgegliedert. Nach § 52 AO werden aber gemeinnützige Zwecke verfolgt, wenn die „Tätigkeit darauf gerichtet ist, die Allgemeinheit auf materiellem, geistigem oder sittlichem Gebiet selbstlos zu fördern." Dies kann gem. des Auftrags auch auf den hoheitlichen Bereich des öffentlich-rechtlichen Rundfunks bezogen werden. Die DEGETO handelt als Vermittler zur Erfüllung des hoheitlichen Auftrags. Damit liegt sie in ihrer Tätigkeit nahe am Zweck aus § 52 AO. Es scheint daher sachgerecht, wenn oben beschriebene Interpretation auch auf die DEGETO angewendet wird. Die Weitervergabe nicht nutzbarer Senderechte ist somit als benötigte Randnutzung anzusehen, die die wirtschaftliche Situation im Rechteeinkauf verbessern soll. Eine Verteuerung hoheitlicher Tätigkeiten aufgrund der Anwendung marktkonformer Verrechnungen und der sich dadurch ergebenden erhöhten Gewinnversteuerung war nicht Intention des Gesetzgebers.

Unter dem Gesichtspunkt der Marktkonformität ist es wichtig, dass die DEGETO die zu vergebenden Rechte zu Marktbedingungen Dritten anbietet und dass Transparenz durch eine getrennte Buchführung i.S.d. Rundfunkmitteilung gewährleistet ist. Die DEGETO hat weiterhin zu achten, dass die hoheitliche Betätigung nicht durch die kommerzielle Aktivität gefährdet wird. Mit ihrer bisherigen Ausrichtung erfüllt die DEGETO so die Voraussetzungen.

---

[329] Vgl. HARTSTEIN ET AL. (2010), B5, zu § 16a RStV, Rnr. 25. Die bisher erhobenen steuerlich bedingten Gewinnzuschläge (0,25 %) stellen kaum einen marktgerechten Gewinn dar.
[330] Vgl. HARTSTEIN ET AL. (2010), B5, zu § 16a RStV, Rnr. 26. Wenn die hoheitlich handelnde Tochtergesellschaft Leistungen der kommerziellen in Anspruch nimmt, gilt dieser Fall nicht.
[331] Vgl. Kap. 4.1.2 f., vgl. HARTSTEIN ET AL. (2010), B5, zu § 16a RStV, Rnr. 10.

5.1.3 Beteiligungen mit privaten Dritten

Unmittelbare und mittelbare Mehr- oder Minderheitenbeteiligungen sind auch zusammen mit kommerziellen Anbietern möglich. Ein solches Beteiligungsunternehmen darf sich auch kommerziell betätigen, wenn die Bedingungen aus § 16a f. RStV eingehalten werden. Sollte aber eine kommerzielle Tätigkeit durch die Anstalt in die Beteiligung eingebracht werden, so erscheint es ratsam, ein kommerzielles Tochterunternehmen dazwischen zu schalten.

Handelt es sich um eine unmittelbare Beteiligung der LRA´s so ist darauf zu achten, dass sich das Beteiligungsunternehmen in rundfunknahen Bereichen betätigt und dem Auftrag funktional dient. Sollte es sich um eine Beteiligung einer Tochter handeln, so könnte die funktional-dienende Komponente zurück gedrängt werden, wenn für die Beteiligung keine Gebührengelder eingesetzt worden sind.[332] Die Einflussinstrumente der Anstalt müssen aber in jedem Fall so groß sein, dass der hoheitliche Auftrag der Anstalt nicht gefährdet wird. Insbesondere darf der hoheitliche Auftrag nicht von tendenziösen oder kommerziellen Orientierungen überlagert werden.[333] Es gilt, je stärker die Programmnähe der Kooperation [bzw. Beteiligung] ausgeprägt ist, desto stärkere Steuerungsmaßnahmen der Rundfunkanstalt sind erforderlich.“[334] Verschiedene Einflussinstrumente je nach Beteiligungsart und -höhe wurden in Kap. 4.4 dargestellt. Wenn der Anstalt diese Möglichkeiten nicht gegeben sind, ist die Beteiligung nicht einzugehen bzw. aufzulösen.

Außerdem hat die Beteiligung nach „kaufmännischen Grundsätzen“ zu handeln, dazu sind gemäß § 16b RStV auch bei Minderheitenbeteiligungen Prüfungen durch einen Wirtschaftsprüfer im Gesellschaftsvertrag oder der Satzung auszubedingen. Bei Mehrheitsbeteiligungen sind die Anstalten nach § 16c Abs. 3 S. 4 f. RStV verpflichtet, dafür zu sorgen, dass zudem auch ein Prüfungsrecht der Rechnungshöfe vorgesehen wird.

Davon abzugrenzen sind Kooperationen, bei denen man nicht gesellschaftsrechtlich mit privaten Dritten verbunden ist. Solche Kooperationen sind im kommerziellen Bereich problematisch. Die Kooperation an sich ist als eine eigene kommerzielle Tätigkeit i.S.d. § 16a RStV anzusehen. Sie könnte daher nur durch eine kommerzielle Tochter eingegangen werden und müsste vorab gem. § 16 a Abs. 2 RStV durch die Gremien der Anstalt genehmigt werden.

---

[332] Vgl. dazu Kap. 4.2.2.
[333] Vgl. BVerfGE 83, 238, 306.
[334] Vgl. EIFERT (2008), Rnr. 25ff. In vorgelagerten Bereichen dürften die Rückwirkungen auf das Programm aufgrund des engen Zusammenhangs von Produktion und Redaktion stärker als im nachgelagerten Bereich sein, vgl. EIFERT (2008), Rnr. 28-30. Mögliche Einflussinstrumente wurden in Kap. 4.4. dargestellt.

Da gesellschaftsrechtliche Einflussinstrumente hier nicht möglich sind, hat das Tochterunternehmen auf andere Weise sicherzustellen, dass der Sachzusammenhang eingehalten wird.[335]

5.2 Bisher intern ausgeführte kommerzielle Tätigkeiten

Nur bei „geringer Marktrelevanz" können kommerzielle Aktivitäten in den LRA´s verbleiben. Dabei ist Marktrelevanz nicht als Relation im Verhältnis zum Gesamtmarkt zu verstehen, sondern es geht darum, ob die Einnahmen an sich eine gewisse Geringfügigkeit überschreiten.[336] Es erscheint daher zweckmäßig, absolute und relativ niedrige Grenzen für kommerzielle Tätigkeiten aufzustellen, die auszugliedern sind. Ein Anhaltspunkt hierfür könnten die Grenzen für die Errichtung eines BgA sein.

Probleme ergeben sie bei gemeinnützigen bzw. hoheitlichen Tätigkeiten. Einige Rechnungshöfe sehen die Ausgliederung nach § 16 a Abs. 1 S. 2 als zwingend an[337], sobald durch diese Tätigkeiten Einnahmen im ökonomischen Wettbewerb erzielt werden. [338] In diesem Zusammenhang wurde das Beispiel der Rundfunkorchester und die Erzielung von Einnahmen durch Eintrittskarten bereits genannt.

Sollte eine Ausgliederung nötig werden, so könnte das Orchester komplett als gGmbH ausgegliedert werden. Die Überlegungen aus Kap. 5.1.2 für gemeinnützige bzw. hoheitlich handelnde Tochtergesellschaften gelten dann analog. Dem kommerziellen Teil der gGmbH, im Wesentlichen der Eintrittskartenverkauf, Auftritte im Auftrag fremder Veranstalter, und die Rechteverwertung, müssten nur die Kosten zugerechnet werden, die unmittelbar durch diesen verursacht werden.

Da die Orchestertätigkeit wie in Kap. 4.1.1 dargelegt worden ist, als Teil des Auftrags zu verstehen ist, ist eine Ausgliederung des kompletten Orchesters nicht nötig. Dies bedeutet, dass nur die Verwertungsaktivitäten gebündelt und in – vielfach schon bestehende – Tochtergesellschaften ausgegliedert werden. Die Tochtergesellschaft erhält dabei Provisionen aus dem Eintrittskarten- und Rechteverkauf. Hier könnte schon ein Fremdvergleich aus eigenen Büchern hilfreich sein, da z.B. der Kartenverkauf zu Teilen schon über private Ticketservices

---

[335] Vgl. Kap.4.2.2.
[336] Vgl. Kap. 4.2.1.
[337] Vgl. Hartstein 2010 /// 1999 #6}, B5, zu § 16a RStV, Rnr. 9.
[338] Anders wie bereits beschrieben HARTSTEIN ET AL. (2010), B5, zu § 16a RStV, Rnr. 9 f., die eine Ausgliederung gemeinnütziger Aktivitäten für nicht nötig erachten, sobald sie in den Bereich der Randnutzung fallen.

läuft bzw. im Rechteein- und -verkauf bereits Vergleichswerte ähnlicher Geschäftsvorfälle vorhanden sind. Die Entscheidung für ein bestimmtes Modell wird daher in Abwägung aus Transparenz- und steuerlichen Gesichtspunkten erfolgen.[339]

5.3 Möglichkeiten für weitere kommerzielle Aktivitäten

Es stellt sich die Frage, ob sich aus der recht umfassenden Erlaubnis für kommerzielle Tätigkeiten auch neue Möglichkeiten für kommerzielle Aktivitäten eröffnen. Dies soll am Beispiel einer entgeltpflichtigen Mediathek erörtert werden.

Mit dem 12. RÄStV erhielt der öffentlich-rechtliche Rundfunk gem. § 11 RStV einen „genuinen Onlineauftrag", der aber an die Voraussetzungen der §§ 11d-11f RStV geknüpft ist. So müssen die Angebote journalistisch redaktionell veranlasst und gestaltet sein, es müssen Fristen eingehalten werden und nicht sendungsbezogene Telemedien müssen ihren publizistischen Mehrwert vorab über einen sog. „Drei-Stufen-Test" beweisen. § 11d Abs. 2 S. 2 lässt kommerzielle Angebote davon jedoch „im Übrigen" unberührt. So kann man davon ausgehen, dass diese Restriktionen kommerzielle Angebote nicht treffen.

Die Verbote von Online-Werbung und Online-Sponsoring, On-Demand-Angeboten angekaufter fiktionaler Formate, lokaler Berichterstattung und Angebote aus der Negativliste[340] scheinen von dem allerdings ausgeschlossen zu sein, da diese Verbote außerhalb § 11d Abs. 2 normiert sind. Dagegen spricht jedoch, dass die amtliche Begründung „den kommerziell tätigen Beteiligungsunternehmen der Rundfunkanstalten sämtliche Einnahmequellen zur Refinanzierung dieser Leistungen [...] etwa Werbung oder Finanzierung über Entgelte" zugesteht.[341]

Interpretiert man den sachlichen Zusammenhang so, wie in Kap. 4.2.2 dargestellt, so erscheint es schlüssig, die Verbote gemäß § 11d Abs. 5 jedenfalls dann anzuwenden, wenn Gebührengelder eingesetzt werden. Wird ein Gebührenzusammenhang ausgeschlossen, so könnte von den Verboten Abstand genommen werden.[342]

---

[339] Vgl. dazu HARTSTEIN ET AL. (2010), B5, zu § 16a RStV, Rnr. 30.

[340] Abgedruckt bei FECHNER ET AL. (2009) zu § 11d RStV.

[341] Vgl. o.V. AMTLICHE BEGRÜNDUNG (2008), zu § 16a RStV, S. 20.

[342] Vgl. HOFFMANN-RIEM (1991), S. 57. Auch in der amtlichen Begründung ist nur ein Schutz vor entgeltfreien öffentlich-rechtlichen Angeboten zu erkennen. Ein Schutzzweck vor weiteren marktkonform angebotenen Angeboten durch öffentlich-rechtliche Tochterunternehmen ist nicht erwähnt. Dieser ergibt sich insbesondere

Die Anstalten haben bezüglich des Sachzusammenhangs des Weiteren zu beachten, dass ihre eigene Auftragserfüllung nicht durch Art und Weise der kommerziellen Tätigkeit gefährdet wird. Ein Aspekt hierbei ist die Beachtung der vom kommerziellen Telemedienangebot ggfs. verwendeten Marken der Mutteranstalt(en).[343] Dabei ist vor allem die aufgebaute Markenidentität[344] und das dadurch geprägte Markenimage zu beachten. Die Lizenzierung der Markennutzung auf die Tochter darf daher nur unter der Beachtung potenzieller positiver und negativer Rückwirkungen auf die Marke und den Auftrag geschehen.[345]

Auch auf andere Weise darf Auftragserfüllung der Anstalten nicht durch Art und Weise der kommerziellen Tätigkeit behindert oder gefährdet werden. So kann es z.B. sachgerecht erscheinen, auf die Tochtergesellschaften dementsprechend einzuwirken, dass Angebote der Negativliste auch von den kommerziellen Töchtern nicht angeboten werden. All dies erfordert eine Abwägung im Einzelfall.

---

dann auch nicht, wenn man die Intention des europäischen Beihilferechts, den Schutz vor Marktverzerrung, auf die Interpretation von Vorschrift und Begründung anwendet, vgl. O.V. AMTLICHE BEGRÜNDUNG (2008), S. 15.
Dafür spricht auch der Wortlaut in der amtlichen Begründung, der die privaten d.h. kommerziellen Telemedien-Angebote vor öffentlich-rechtlichen i.S.v. von entgeltfreien wenig meinungsrelevanten Betätigungen schützen will.vgl. Begründung zum Zwölften Staatsvertrag}, S. 15.

[343] Im Folgenden wird davon ausgegangen, dass die Marke in der Bevölkerung zur Identifikation des öffentlich-rechtlichen Angebots wesentlich beiträgt, z.B. ARD, ZDF, hr, BR etc. Ein weiterer Aspekt hinsichtlich der Markennutzung ist die Kostenverrechnung zur Herstellung von Marktkonformität. Ist hier kein Fremdvergleich herstellbar, so führt die Grenzkostenbetrachtung i.S.d. Rundfunkmitteilung allerdings zu einer Kostenverrechnung von Null.

[344] Die Markenidentität ist hier zu verstehen als Wahrnehmungs-, Identifikations-, und Vertrauenspotential. Marken sind im Medienbereich besonders wichtig, da aufgrund der Informationsasymmetrien die Qualitätsbeurteilung nur eingeschränkt möglich ist. Im Gedächtnis verankerte Marken schaffen hier Sicherheit und Vertrauen. Die Imagebildung öffentlich-rechtlicher Medienunternehmen darf nicht nur den Rezipienteninteressen folgen, sondern hat auch den öffentlich-rechtlichen Auftrag zu beachten, vgl. SWOBODA ET AL. (2006). S. 793 f.

[345] Vgl. SCHULZ ET AL. (2009), S. 74-81, 94-98.

6 Fazit

Die Einstellungsentscheidung der Kommission versucht, die zwischen der EU und den Mitgliedstaaten andauernde Diskussion um Rundfunk als Kultur- oder Wirtschaftsgut in einen Kompromiss zu gießen. Dies kommt vor allem in den Vorgaben des Kompromisses zu den Telemedien und der deutschen Umsetzung im Drei-Stufen-Test zum Ausdruck. Die Telemedienangebote haben einen publizistischen Mehrwert zu beweisen, um durch die Gremien zugelassen zu werden. Ist dies nicht möglich, so sind sie nicht vom Auftrag erfasst. Es besteht also kein öffentliches bzw. allgemeinwirtschaftliches Interesse an einem solchen Angebot. Wenn der Markt es wünscht, werden solche Angebote von privaten Anbietern angeboten. Der Charakter als Wirtschaftsgut steht in diesem Fall scheinbar im Vordergrund.

Erzielt der öffentlich-rechtliche Rundfunk hingegen Entgelte aus Leistungen, die er auf einem Markt Dritten anbietet, so erscheint die Abgrenzung zwischen Kultur- und Wirtschaftsgut einfacher. Solche Leistungen werden gemäß § 16a RStV zwar erlaubt, sie werden als wirtschaftliche bzw. kommerzielle Tätigkeiten aber generell außerhalb des Auftrags gestellt. Der öffentlich-rechtliche Rundfunk darf diese Tätigkeiten nur unter Marktbedingungen anbieten und hat Transparenzerfordernisse einzuhalten. I.d.R. sind solche Tätigkeiten in eigenständige Tochterunternehmen auszugliedern.

Zu diesen Töchtern haben sich die Anstalten genauso wie zu anderen Marktteilnehmern zu verhalten. Sie müssen marktkonforme Beziehungen zu ihnen unterhalten und dürfen die Töchter nicht quersubventionieren. Märkte, auf denen keine allgemeinwirtschaftlichen Interessen bestehen, sollen so von Gebührengeldern freigehalten werden, um den Wettbewerb nicht zu gefährden.

Hierbei stellen sich zahlreiche Probleme. Zunächst ist die Grundfrage zu klären, wie solche Tätigkeiten von den hoheitlichen Aufgaben abgegrenzt werden sollen. Dazu dienen die in Kap. 4.1.3 genannten Kriterien. Da die kommerziellen Tätigkeiten im Randbereich des Auftrags liegen, wird eine spiegelbildliche Trennung aber kaum möglich sein. Dies räumt auch die EU-Kommission ein, wenn sie ausführt, dass in einigen Fällen keine sachgerechte Kostenverteilung möglich ist.

Für diesen Fall sieht die EU-Kommission in ihrer Rundfunkmitteilung eine Grenzkostenbetrachtung vor. Sollte diese jedoch angewendet werden, so macht dies einen Leistungsaustausch zu Marktbedingungen oft unmöglich. Häufig werden gerade die wesentlichsten Kosten in einer Grenzbetrachtung zu einer Kostenverrechnung von Null führen, bspw. seien nur die Ausstrahlungskosten für Werbezeiten genannt. Marktverzerrung kann in diesem Fall nur ausgeschlossen werden, wenn die Tochter ihre Leistungen am Markt zu Marktpreisen anbietet. Eine „innere Marktkonformität" i.S.d. Ausführungen der EU kann dies nicht gewährleisten.

Unabhängig von der Grenzkostenbetrachtung der EU-Kommission sollten sich die Anstalten aber bemühen, alle Leistungen zu marktgerechten Bedingungen zu verrechnen. Die dabei entstehende Transparenz sichert sie vor Klagen privater Konkurrenten ab und führt zu Tochterunternehmen, die nach den gängigen betriebswirtschaftlichen Methoden geführt werden können. Die kommerziellen Töchter können sich so wie privatwirtschaftlich organisierte Unternehmen aufstellen und das Formalziel einer, wenn auch begrenzten, Gewinnmaximierung in den Fokus ihrer Tätigkeit stellen. Der Einsatz betriebswirtschaftlicher Methoden in den Tochterunternehmen, wie z.B. einer klassischen Kosten-Leistungsrechnung könnte aufgrund einer transparenten und marktgerechten Austauschbeziehung zu aussagekräftigen Ergebnissen führen. Dies trägt zu einer Effizienzverbesserung in den Tochterunternehmen bei und kann so zu höheren kommerziellen Erträgen führen. Die Investments in die Tochter sind zudem auf diese Art und Weise einfacher zu beurteilen.

In der Umsetzung dieses Formalziels haben die Töchter den Rahmen des Sachziels zu beachten, das von den Anstalten vorgegeben wird. Über ihren Einfluss gemäß § 16b RStV haben die Anstalten das Sachziel abzusichern (vgl. Kap. 4.4). Dieses muss in Zusammenhang mit ihrem Auftrag stehen. Kann die Beteiligungsgesellschaft aber nachweisen, dass eine kommerzielle Tätigkeit nicht in Zusammenhang mit eingesetzten Gebührengeldern steht, so kann eine Auslegung des Sachzusammenhangs in Verbindung mit der umfassenden Erlaubnis zu kommerziellen Tätigkeiten zu dem Ergebnis führen, dass der funktional-dienende Bezug zum Auftrag an Bedeutung verliert. Im Vergleich zur Zeit vor dem 12. RÄStV können so weitergehende kommerzielle Angebote möglich werden (vgl. Kap. 4.2.2). Eine negative Beeinträchtigung des Auftrags durch die kommerzielle Tätigkeit muss aber in jedem Fall ausgeschlossen sein (vgl. Kap. 4.2.2.3).

Literatur

ARD (2009): ARD Jahrbuch 09, Hans-Bredow-Institut, Frankfurt, Hamburg.

BADURA, PETER (2008): Wirtschaftsverfassung und Wirtschaftsverwaltung - Ein exemplarischer Leitfaden. Mohr Siebeck, Tübingen.

BARTOSCH, ANDREAS (2009): Öffentlichrechtliche Rundfunkfinanzierung und EG-Beihilfenrecht - Zehn Jahre später. Europäische Zeitschrift für Wirtschaftsrecht (EuZW), München, S.684–688.

BMF (2003):Besteuerung der öffentlich-rechtlichen Rundfunkanstalten (§1 Abs. 1 Nr. 6, § 4 KStG); Prüfung durch die Bundesbeauftragte für Wirtschaftlichkeit in der Verwaltung – Veranstaltung von Werbesendungen. Schreiben an die öffentlich-rechtlichen Rundfunkanstalten,GZ: IV A 2- S. 2706 – 23/03-II.

IMMENGA, ULRICH, MESTMÄCKER, ERNST-JOACHIM (HRSG.) (2007): Wettbewerbsrecht. Beck, München.

BENSINGER, VIOLA, SOKOLL, KAREN (2007): Die EU-Vorgaben für kommerzielle Aktivitäten des öffentlich-rechtlichen Rundfunks: Analyse und Workshopbericht. In: Arbeitspapiere des Instituts für Rundfunkökonomie an der Universität zu Köln, Heft 234, Köln.

BULLINGER, MARTIN (2007): Das teilweise Zusammenwachsen von Presse und Rundfunk und ihren Freiheiten. In: Zeitschrift für Urheber- und Medienrecht (ZUM). NOMOS Baden-Baden, S. 407–410.

BURDA, HUBERT; DÖPFNER, MATHIAS; KUNDRUN, BERND (2008): Münchner Erklärung. Abrufbar im Internet unter: http://www.axelspringer.de/downloads/31430/muenchner_erklaerung.pdf . Letzter Zugriff am 15.03.2010.

BVERFG (1998): Zulässigkeit des Titel-Merchandising durch öffentlich-rechtliche Rundfunkanstalten, 1 BvR 341/93 – „Guldenburg"

COELLN, CHRISTIAN VON. (2008): Die Rundfunkrechtsprechung Deutschlands - Eine entwicklungsoffene Ordnung. In: Zeitschrift Medien- und Kommunikationsrecht (AfP), Düsseldorf. S. 433–445.

CREMER, WOLFGANG (2007): Art. 87 EGV. In: Calliess C., Ruffert M., Blanke H. (Hrsg.) EUV / EGV. Das Verfassungsrecht der Europäischen Union mit Europäischer Grundrechtecharta; Kommentar. Beck, München, Rnr. 9-28.

DEGENHART, CHRISTOPH (2001): Öffentlich-rechtlicher Rundfunk und Freizeitparks: Rechtsfragen eines ZDF-"Medienparks". Verlag Recht und Wirtschaft, Heidelberg.

DÖRR, DIETER (2005): Öffentlich-rechtlicher Rundfunk und die Vorgaben des Europarechts - Public-Service-Idee, Dienstleistungsfreiheit und Beihilfenkontrolle: Zum Spannungsverhältnis zwischen nationalem und europäischem Recht. In: Media Perspektiven Heft 7/2005, S. 333–342.

DÖRR, DIETER, SCHWARTMANN, ROLF (2008): Medienrecht. Müller, Heidelberg.

EHRIKE, ULRICH (2007): Art. 87 EGV. In: Immenga U, Mestmäcker E (Hrsg.) Wettbewerbsrecht. Beck, München, Rnr. 33-60.

EIFERT, MARTIN (2008): Anhang zu § 13. In: Beck'scher Kommentar zum Rundfunkrecht. [Rundfunkstaatsvertrag, Rundfunkgebührenstaatsvertrag, Rundfunkfinanzierungsstaatsvertrag, Jugendmedienschutzstaatsvertrag]. Beck, München, Rnr. 1-72.

EMMERICH, VOLKER (2007): § 130 Abs. 1. In: Immenga U., Mestmäcker E. (Hrsg.) Wettbewerbsrecht. Beck, München, Rnr. 1 - 74.

EUROPÄISCHE KOMMISSION (1993): Mitteilung der Kommission an die Mitgliedstaaten - Anwendung der Artikel 92 und 93 EWG-Vertrag und des Artikels 5 der Kommissionsrichtlinie 80/723EWG über öffentliche Unternehmen in der verarbeitenden Industrie. 93/1113. In: Amtsblatt der europäischen Union.

EUROPÄISCHE KOMMISSION (1997) Bekanntmachung der Kommission über die Definition des relevanten Marktes im Sinne des Wettbewerbsrechts der Gemeinschaft. 97/C 372/03. In: Amtsblatt der europäischen Union.

EUROPÄISCHE KOMMISSION (2001a) Bekanntmachung der Kommission über Vereinbarungen von geringer Bedeutung, die den Wettbewerb gemäß Art. 81 Abs. 1 des Vertrags zur Gründung der Europäischen Gemeinschaft nicht spürbar beschränken. „De minimis". 2001/C 368/07. In: Amtsblatt der europäischen Union.

EUROPÄISCHE KOMMISSION (2001b) Mitteilung der Kommission über die Anwendung der Vorschriften über staatliche Beihilfen auf den öffentlich-rechtlichen Rundfunk. „Alte Rundfunkmitteilung" Abl. 2001, Nr. C 320/04. In: Amtsblatt der europäischen Union.

EUROPÄISCHE KOMMISSION (2006) Richtlinie 2006/111/EG der Kommission vom 16. November 2006 über die Transparenz der finanziellen Beziehungen zwischen den Mitgliedstaaten und den öffentlichen Unternehmen sowie über die finanzielle Transparenz innerhalb bestimmter Unternehmen. neue Transparenzrichtlinie. 2006/111/EG. In: Amtsblatt der europäischen Union.

EUROPÄISCHE KOMMISSION (2007) Staatliche Beihilfe E 3/2005: Die Finanzierung der öffentlich-rechtlichen Rundfunkanstalten in Deutschland. „Beihilfekompromiss / Art. 19 – Schreiben".

EUROPÄISCHE KOMMISSION (2009) Mitteilung der Kommission über die Anwendung der Vorschriften über staatliche Beihilfen auf den öffentlich-rechtlichen Rundfunk. „Neue Rundfunkmitteilung". 2009/C 257/01. In: Amtsblatt der europäischen Union.

FECHNER, FRANK (2008) Medienrecht. Lehrbuch des gesamten Medienrechts unter besonderer Berücksichtigung von Presse Rundfunk und Multimedia. Mohr Siebeck, Tübingen.

FECHNER, FRANK, MAYER, JOHANNES (2009) Medienrecht: Vorschriftensammlung. Müller, Heidelberg.

FINK, UDO, COLE, MARK, KEBER, TOBIAS (2008): Europäisches und internationales Medienrecht. C. F. Müller, Heidelberg.

FRITSCH, MICHAEL; WEIN, THOMAS; EWERS, HANS-JÜRGEN (1996): Marktversagen und Wirtschaftspolitik: Mikroökonomische Grundlagen staatlichen Handelns, 2. Aufl., München.

GABLER (2010): Gabler-Wirtschaftslexikon, abrufbar im Internet unter: http://wirtschafts lexikon.gabler.de/Archiv/4487/markt-v7.html, letzter Zugriff am 20.03.2010.

GIESBERTS, LUDGER, STREIT, THILO (2009): Anforderungen an den "Private Investor-Test" im Beihilfenrecht. In: Europäische Zeitschrift für Wirtschaftsrecht (EuZW). München, Heft 14, S. 484–488.

GOUNALAKIS, GEORGIOS (2000): Funktionsauftrag und wirtschaftliche Betätigung des Zweiten Deutschen Fernsehens - Am Beispiel des ZDF-Medienparks; ZDF-Schriftenreihe, Heft 59, Mainz.

HAIN, KARL-E (2001): Die europäische Transparenzrichtlinie und der öffentlich-rechtliche Rundfunk in Deutschland. In: Multimedia und Recht (MMR), Heft 4, München, S: 219-224.

HARTSTEIN, REINHARD; RING, WOLF-DIETER; KREILE, JOHANNES ET AL. (HRSG.) (2010): Kommentar zum Rundfunkstaatsvertrag. Rehm Verlag; München.

HASSE, ARNE (2005): Die Finanzierung des öffentlich-rechtlichen Rundfunks: Bestand und Alternativen. Wissenschaftlicher Verlag Berlin, Berlin.

HEINRICH, JÜRGEN (1994): Medienökonomie: Mediensystem, Zeitung, Zeitschrift, Anzeigenblatt [Bd.1]. Mediensystem, Zeitung, Zeitschrift, Anzeigenblatt. Westdeutscher Verlag, Opladen.

HELD, THORSTEN; SCHULZ, WOLFGANG (2004): Europarechtliche Beurteilung von Online-Angeboten öffentlich-rechtlicher Rundfunkanstalten; Gutachten im Auftrag der Friedrich-Ebert-Stiftung, Berlin.

HOFFMANN-RIEM, WOLFGANG (1991): Rundfunkrecht neben Wirtschaftsrecht: Zur Anwendbarkeit des GWB und des EWG-V auf das Wettbewerbsverhalten öffentlich-rechtlichen Rundfunks in der dualen Rundfunkordnung. Nomos, Baden-Baden.

HOLZNAGEL, BERND; STENNER, DANIEL (2005): Rundfunkrecht. Verlag für Wirtschaft, Informatik und Recht, Oldenburg.

HORVÁTH, PÉTER (1998): Controlling. Vahlen, München.

IDW (2008): Bericht über die Erweiterung der Abschlussprüfung nach § 16d Absatz 1 Satz 2 Rundfunkstaatsvertrag. IDW EPS 721. Entwurf des IDW Prüfungsstandard 721. In: Hartstein R. et al.: Kommentar zum Rundfunkstaatsvertrag, Rehm, München, S. 42–49.

IPSEN, HANS-PETER (1974): Zum Funktionsbereich der öffentlich-rechtlichen Rundfunkanstalten außerhalb der unmittelbaren Programmveranstaltung. Problemer staatsfreier Selbstverwaltung. In: Die öffentliche Verwaltung (DÖV). Kohlhammer, Stuttgart, Heft 21, S. 721–737.

KEMMER, PAUL (1986): Zielkonzeption und Rechnungssystem von Rundfunkanstalten, in: Schriften zur öffentlichen Verwaltung und öffentlichen Wirtschaft, Bd. 49, Nomos, Baden-Baden.

KNORR, ANDREAS; WINKLER, KATJA (2000): Duale Rundfunkordnung. In: Leschke M, Molsberger J, Oberender Peter (Hrsg.): ORDO - Jahrbuch für die Ordnung von Wirtschaft und Gesellschaft. Lucius & Lucius, Stuttgart, S. 317–350.

KOCH, WALTER; CZOGALLA, CHRISTIAN; EHRET, MARTIN (2008): Grundlagen der Wirtschaftspolitik. Lucius & Lucius, Stuttgart.

KOENIG, CHRISTIAN; HARATSCH, ANDREAS (2003): Die Rundfunkgebühren auf dem Prüfstand des Altmark-Trans-Urteils des europäischen Gerichtshof. In: Zeitschrift für Urheber- und Medienrecht (ZUM). Nomos, Baden-Baden, Heft 11, S. 804–812.

Köcher, Annette (2000): Medienmanagement als Kostenmanagement und Controlling, in: Grundlagen des Medienmanagements. In: Karmasin, M.; Winter, C. (Hrsg.): Grundlagen des Medienmanagements. UTB, München.

KRAUSNICK, DANIEL (2005): Das deutsche Rundfunksystem unter dem Einfluss des Europarechts. In: Oppermann, T. (Hrsg.):Tübinger Schriften zum internationalen und europäischen Recht. Duncker & Humblot, Berlin, Band 74.

KÜMPEL, ANDREAS (2009): Betrieb gewerblicher Art i.S.d. Steuerechts. Schriftlicher Management-Lehrgang. Euroforum Verlag, Düsseldorf.

KÜPPER, HANS-ULRICH (1997): Grundlagen des Controllings. Inhaltlich abgeschlossener Auszug aus dem Buch: Hans-Ulrich Küpper, Controlling – Konzeption, Aufgaben und Instrumente. Abrufbar im Internet unter http://logistics.de/downloads/94/d4/i_file_26102/Grundlagen%20des%20Controlling.pdf, letzter Zugriff am 07.04.2010.

LEHMANN, HANS-JOACHIM (1987): Controlling in Rundfunkanstalten mit Hilfe neuer Möglichkeiten der Datenverarbeitung. In: Fleck, F.H. (Hrsg.): Planung, Aufsicht und Kontrolle von Rundfunkunternehmen, in Beiträge zur Rundfunkökonomie, Bd. 2. Kohlhammer, Stuttgart, S. 93-110.

LIBERTUS (2008): § 13 RStV. In: Beck'scher Kommentar zum Rundfunkrecht. [Rundfunkstaatsvertrag, Rundfunkgebührenstaatsvertrag, Rundfunkfinanzierungsstaatsvertrag, Jugendmedienschutzstaatsvertrag]. Beck, München.

LINK, ASTRID (2005): Unternehmensbeteiligungen öffentlich-rechtlicher Rundfunkanstalten. Öffentlich-rechtlicher Programmauftrag und privatrechtliche Organisationsformen. Nomos, Baden-Baden.

MAND, ELMAR (2002): Erwerbswirtschaftliche Betätigung öffentlich-rechtlicher Rundfunkanstalten außerhalb des Programms. Beck, München.

MAUNZ, THEODOR (1974): Die Grenzen der Betätigung öffentlich-rechtlicher Rundfunkanstalten. In: Deutsches Verwaltungsblatt (DVBL). Carl Heymanns Verlag, Köln, Heft 1, S. 1-7.

MÜLLER-WIEGAND, MATTHIAS (1992): Grundkonzeption eines rundfunkspezifischen Controllings in öffentlich-rechtlichen Rundfunkunternehmen, in: Zeitschrift für öffentliche und gemeinwirtschaftliche Unternehmen, Heft 1, S. 17-29.

MUSGRAVE, RICHARD A. (1959): The Theory of Public Finance: A Study in Public Economy, Mc.Graw-Hill, New York.

NIEPALLA, PETER (1990): Die Grundversorgung durch die öffentlich-rechtlichen Rundfunkanstalten. Beck, München.

O.V. [AMTLICHE BEGRÜNDUNG] (2008): Begründung zum Zwölften Staatsvertrag zur Änderung rundfunkrechtlicher Staatsverträge (Zwölfter Rundfunkänderungsstaatsvertrag). In: Hartstein R. et al. (Hrsg.): Kommentar zum Rundfunkstaatsvertrag. Rehm, München, S. 1–33.

O.V. [VERRECHNUNGSPREISRICHTLINIE] (2009): Entwurf zu Verrechnungspreisrichtlinie der öffentlich-rechtlichen Rundfunkanstalten der Bundesrepublik Deutschland ARD, ZDF und Deutschlandradio. In: Hartstein R. et al.(Hrsg.): Kommentar zum Rundfunkstaatsvertrag. Rehm, München, S. 50–59.

PAPIER, HANS-JÜRGEN (2006): Zum Spannungsverhältnis von Lobbyismus und parlamentarischer Demokratie. Abrufbar im Internet unter: http://www.bpb.de/files/LD34GU.pdf. Letzter Abruf am 02.03.2010.

RICKER, REINHART; LÖFFLER, MARTIN (2000) Handbuch des Presserechts. Beck, München.

RICKER, REINHART; SCHIWY, PETER; SCHÜTZ, HANS-JOACHIM (1997): Rundfunkverfassungsrecht. Beck, München.

RÖPER, HORST (2005): Viel Fleiß, kein Preis. Für die meisten Verlage hat sich der lange Kampf um den Rundfunk nicht gelohnt. In: Ridder C, Kiefer ML (Hrsg.) Bausteine einer Theorie des öffentlich-rechtlichen Rundfunks. Festschrift für Marie Luise Kiefer. Verlag für Sozialwissenschaften, Wiesbaden, S. 397–405.

RUNDFUNKKOMMISSION DER LÄNDER (2008): Arbeitsentwurf zur Umsetzung der Zusagen gegenüber der EU-Kommission im Rahmen des EU-Beihilfeverfahrens ARD/ZDF. Abrufbar ím Internet unter: http://www.urheberrecht.org/law/normen/rstv/RStV-12/materialien/entwurf_I.php 3. Letzter Abruf am 29.03.2010.

SCHÄFER, HANS (2004): Neue Betätigungsfelder des öffentlich-rechtlichen Rundfunks: Entwicklung und rechtliche Bewertung. Beck, München.

SCHMIDT, INGO (1999): Wettbewerbspolitik und Kartellrecht. Eine Einführung ; mit 12 Tabellen. Lucius & Lucius, Stuttgart.

SCHMITZ, ALFRED (1990): Rundfunkfinanzierung, Volkswirtschaftliche Schriftenreihe, Bd. 6, Müller-Botermann, Köln.

SCHNAITTER, MARCUS (2008): Möglichkeiten und Grenzen der Ausgestaltung des Programmauftrags der öffentlich-rechtlichen Rundfunkanstalten. Lit-Verlag, Berlin.

SCHNEIDER, HANS-PETER (2010): Werbung im öffentlich-rechtlichen Rundfunk: Möglichkeiten und Grenzen nach deutschem und europäischem Recht. Nomos, Baden-Baden.

SCHÖSSLER, JULIA (2001): Die Digitalisierung von Fernsehprogrammen. Perspektiven für private Veranstalter. Deutscher Universitätsverlag, Wiesbaden.

SCHULZ, WOLFGANG, HELD, THORSTEN (2009): Kommerzielle Tätigkeiten des öffentlich-rechtlichen Rundfunks im Bereich der Telemedien. Gutachten.

SIEBEN, GÜNTER, SCHWERTZEL, UWE (1997): Materialien zur Vorlesung von Rundfunkökonomie II. Management von Rundfunkunternehmen, Teil I. In: Institut für Rundfunkökonomie (Hrsg.): Arbeitspapiere des Instituts für Rundfunkökonomie an der Universität zu Köln., Köln, Heft 65.

STOCK, MARTIN (2005): Duales System funktionsgerecht ausgestaltet? . In: Ridder C.; Kiefer Marie-L. (Hrsg.): Bausteine einer Theorie des öffentlich-rechtlichen Rundfunks. Festschrift für Marie Luise Kiefer. Verlag für Sozialwissenschaften, Wiesbaden, S. 54-76.

STULZ-HERRNSTADT, MICHAEL (2004): Nationale Rundfunkfinanzierung und europäische Beihilfenaufsicht im Lichte des Amsterdamer Rundfunkprotokolls. Duncker & Humblot, Berlin.

SWOBODA, BERNHARD, GIERSCH, JUDITH, FOSCHT, THOMAS (2006): Markenmanagement - Markenbildung in der Medienbranche. In: Scholz C (Hrsg.) Handbuch Medienmanagement. Springer, Berlin, Heidelberg, S. 789–813.

WEBER, PETER (2008) Die Novelle zum Filmförderungsgesetz. Zeitschrift für Urheber und Medienrecht (ZUM). NOMOS Baden-Baden. Heft 10, S. 736–741.

WEICHENRIEDER, ALFONS (1995): Besteuerung und Direktinvestition. Mohr, Tübingen.

WILLIAMSON, OLIVER (1990): Die ökonomischen Institutionen des Kapitalismus. Unternehmen, Märkte, Kooperationen. Mohr, Tübingen.

ZAW (2009): Werbung in Deutschland 2009. Verlag Edition ZAW, Berlin.

Rechtsprechung - BVerfG

BVerfGE 10, 121 vom 06.10.1959 - Pressefreiheit

BVerfGE 12, 205 vom 28.02.1961 - Deutschland-Fernsehen

BVerfGE 30, 173 vom 24.02.1971 - Mephisto

BVerfGE 31, 314 vom 27.07.1971 - Umsatzsteuer

BVerfGE 35, 202 vom 05.06.1973 - Lebach

BVerfGE 57, 295 vom 16.06.1981 - FRAG

BVerfGE 73, 118 vom 04.11.1986 - Niedersachsen

BVerfGE 74, 297 vom 01.01.1987 - Baden-Württemberg

BVerfGE 82, 272 vom 26.06.1990 - Zwangsdemokrat

BVerfGE 83, 238 vom 05.02.1991 - WDR

BVerfGE 87, 181 vom 06.10.1992 - hr3 (Fernsehen)

BVerfGE 90, 60 vom 22.02.1994 - 1. Gebührenentscheidung

1 BvR 341/93 vom 28.10.1998 - Guldenburg

1 BvR 2270/05 vom 11.09.2007 - 2. Gebührenentscheidung

Rechtsprechung - EuGH

Rs. C-6/64, Slg. 1964, I-1253 vom 15.07.1964 - Costa-ENEL

Rs. 155/73 Slg. 1974, I-409 vom 30.04.1973 - Sacchi

Rs. 52/79, Slg. 1980, 833 vom 18.03.1980 - Debauve

Rs. 352/85, Slg. 1988, I-2085 vom 26.04.1988 - Bond van Adverteerders

Rs. C-303/88, Slg. 1991, I-1433 vom 21.03.1991 - ENI / Lanerossi

Rd.C-18/88, Slg. 1991, I-5941 vom 13.12.1991 - RTT/INNO

Rs. C-320/91, Slg. 1993 I-2533 vom 19.05.1993 - Corbeau

Rs. C-23/93, Slg. 1994, I-4795 vom 05.10.1994 - TV 10 SA

Rs. C-159/94, Slg. 1997, I-5815 vom 23.10.1997 - Kommission/Frankreich

Rs. C-482/99, Slg. 2002, I-4397 vom 16.05.2002 - Stardust Marine

Rs. C- 280/00, Slg. 2003, I-7747 vom 24.07.2003 - Altmark-Trans

Rs. C-337/06 vom 13.12.2007 - GEWA

Printed in Great Britain
by Amazon